"공감하려 애쓰지 말라. 공감은 저절로 되는 것이다."

15분이면 충분한
사례개념화의 실제
패턴 중심 접근법

Len Sperry · Jonathan Sperry 공저 | 이명우 역

The 15 Minute
Case Conceptualization

Mastering the Pattern-Focused Approach

학지사

THE 15 MINUTE CASE CONCEPTUALIZATION
Mastering the Pattern-Focused Approach

역자 서문

공감하려 애쓰지 말라, 공감은 저절로 되는 것이다.

이런 경우를 가정해 보자. 상담실을 찾아온 한 중년 여성이 상담신청서에 "남편의 알코올 중독으로 힘들다. 이 문제를 잘 도와줄 수 있는 믿을 만한 상담자를 만나고 싶다."라고 쓰고, 세부 항목으로는 '우울' '불안' '가정 문제' '대인관계'에 표시했다고 하자. 여러분이 오늘 접수면접을 담당한 상담자이고 접수면접을 하기 전에 상담신청서만 보고 내담자의 문제에 대해 대략적인 사례개념화를 하라는 과제를 받았다면, 여러분은 어떻게 할 것인가?

우선 상담자는 내담자가 어떤 촉발요인으로 인해 호소문제나 증상을 반복적으로 경험하게 되는지 탐색하고, 이렇게 반복되는 호소문제나 증상이 과거의 경험(예: 유발요인과 유지요인)으로 형성된 심리 내적 메커니즘과 관련 있는지 가설을 세워야 한다. 이때 세우는 상담자의 가설은 단순히 관련 정보를 나열하는 언어적 가설이 아닌, "아하, 내담자가 이런 과거의 경험으로 인해 이렇게 메커니즘이 형성되어 현재의 촉발 상황에 반복적으로 문제와 증상을 경험하는구나."라고 구체화한 임상적 가설이어야 한다. 그리고 내담자의 내적 메커니즘을 상담의 초기단계, 중기단계, 종결단계에서 어떤 전략으로 어떻게 다룰 것인지 구체적으로 상담계획을 제시할 수 있어야 한다.

여러분은 이 과제를 역자에게 보낸다고 생각하고 A4 용지 3장 정도의 분량으로 작성해 보기 바란다. 이 사전 준비 작업을 충분히 할 수 있는 상담자라면 접수면접에서 내담자의 준비도에 맞춰 호소문제와 관련된 배경을 따뜻한 마음으로 심도 있게 탐색하고, 접수면접을 마무리할 즈음엔 내담자와 상담의 개략적인 방향을 명확히 정리할 수 있게 될 것이다.

이 과제는 역자가 사례연구집단에서 자주 활용했던 훈련 활동 중 하나이다. 이 과제를 성공적으로 수행하려면 상담자는 내담자 호소문제의 내적 메커니즘을 **머리 수준**(head level)에서 이해하는 **구조적 사례개념화**(structural case conceptualization)를 넘어 **가슴 수준**(heart level)에서 깊이 있게 공감하고 이해하는 **임상적 사례개념화**(clinical case conceptualization)를 할 수 있어야 한다. 그렇게 할 수 있을 때 상담자는 가설적인 사례개념화의 그림 안에서 내담자의 문제를 더 깊이 이해하게 되고, 사례개념화는 상담을 하기 위한 단순한 요식 행위가 아니라 향후 내담자의 변화를 이끄는 실질적인 개입을 하기 위한 좌표가 될 것이다.

역자는 1994년부터 사례개념화를 연구하고 상담 실무에 적용해 오고 있다. 아직도 사례개념화라고 하면 단순히 관련 정보를 모아 내담자의 호소문제를 **머리 수준**에서만 이해하는 **구조적 사례개념화**에 그치는 상담자가 많다. 그러나 사례개념화는 그 단계에 따라 구조적 사례개념화를 넘어 내담자의 메커니즘을 가슴으로 깊이 이해하는 **가슴 수준**의 임상적 사례개념화, 그리고 이러한 메커니즘을 상담자의 무의식적 차원에서 이해하여 매 회기마다 자연스럽게 개입하는 **창자 수준**(gut level)의 실천적 사례개념화(practical case conceptualization)로 나눌 수 있으며, 실천적 사례개념화 단계에 도달해야 비로소 상담자의 사례개념화가 완성되었다고 할 수 있다.

Len Sperry 박사와 Jonathan Sperry 박사의 『The 15 Minute Case Conceptualization』을 번역하면서 개인상담 사례연구집단을 이끌었던 경험이 떠올랐다. 이 책은 상담자가 내담자의 문제를 단순히 분류하는 **구조적 사례개념화**에 멈추지 않고, **임상적 사례개념화**에 이어 **실천적 사례개념화**에 도전하도록 돕는다는 점에서 매우 반가웠다. 이 책이 상담실무자들이 **임상적 사례개념화**를 이해하고, **실천적 사례개념화**에 도달하여 **하려고 애쓰는 공감**이 아닌, **저절로 되는 공감**을 이룰 수 있도록 하는 데 실질적인 도움이 되기 바란다.

이 책의 번역 작업을 가능하게 해 주신 김진환 대표님, 풍부한 정보로 영감을 주신 한승희 부장님, 그리고 편집 과정에 도움을 주신 김지예 선생님께 깊이 감사드린다.

2025년 4월

이명우

추천사

나는 30년 동안 이런 책을 기다렸다!

(이 책을 읽기 전인) 지난달에 나는 23명의 석박사 과정 학생에게 사례개념화 기초를 가르치기 위해 Zoom 카메라 앞에 서서 나의 정교한 사례개념화에 대한 모든 지혜를 하나의 시각적이고 언어적인 공연으로 전하고 있었다. 나는 "왼손은 내담자의 문제"라고 한 후 극적인 효과를 위해 잠시 멈춘 다음 계속해서 "오른손은 내담자의 목표"라고 이야기했다. 나의 새로운 비언어적 제스처는 대부분 화면에서 나에게만 보이는 기능이어서 나 스스로 (그리고 수강자들에게) 지루하게 보이는 것을 피하고자 함이었다. 내 사례개념화 제스처에 맛을 더하려고 나는 "사례개념화는 단순하다."라고 말했다. "내담자가 문제 상태에서 벗어나…… 자신의 목표 상태로 이동하도록 돕는 것이 전부이다." (나는 들어 올린 오른손의 손가락을 흔들며 화려하게 마무리했다.)

그러나 압축된 진실은 항상 부분적으로 거짓이다. 언어와 비언어의 멋진 혼합에도 불구하고, 나는 학생들에게 거짓을 말하고 있었다. 그 당시 나는 그것이 단순화라는 더 상위의 목적을 위한 작은 선의의 거짓말이라고 생각했다. 나는 여전히 내가 말한 내용을 좋아하고 내 사례개념화의 시각적 설명에 대한 대략적인 진실을 믿고 있지만, 사례개념화에 대한 Len Sperry와 Jonathan Sperry의 깊이 있는 이 책을 읽은 후, 나는 내가 무엇을 이야기해야 했는지 더 잘 이해할 수 있게 되었다.

사례개념화는 단순하지 않다. Len Sperry와 Jonathan Sperry가 이 책에서 설명하는 것처럼 사례개념화에는 (잘 요약이 되더라도) 상담자의 인식, 판단 및 의사결정과 함께 인간 행동의 여러 차원이 포함된다. 사례개념화의 세부적인 뉘앙스를 전달하려면 손가락을 몇 번 흔드는 것보다 훨씬 더 많은 것이 필요했다.

저자들이 이 책에서 한 일은 위대한 작가들이 잘하는 친절한 서비스처럼 우리를 위해 우리의 과제를 대신 해 준 것이다. 이 저자들은 광범위하게 읽고, 메모하고, 자신의 접근 방식을 가르치고, 현장에서 점검하면서 조밀하고 복잡한 개념에 대한 명쾌한 요약을 우리에게 선물해 주었다. 이들은 우리가 사례개념화의 원리와 실제를 더 쉽게 이해하고 적용하도록 해 주었다.

내가 가장 좋아하는 것은 저자들이 방대하고 내용이 다른 문헌을 단순하고 상담자 친화적인 원리로 바꾼 방식이다. 이들은 사례개념화의 **설명력**, **맞춤력** 및 **예측력**을 강조한다. 나는 그런 '능력들'을 사용해 사례개념화를 구성한 적이 없었는데, 그렇게 해 보니 전구를 켠 것 같았다. 사례개념화는 내담자 문제와 내담자 목표 사이의 관계를 **설명**하고 경로를 따라 밝은 빛을 비추어야 한다. 그런데 이런 연결을 정말 효율적으로 해내는 이론가나 저자는 거의 없다. 두 번째 원리인 사례개념화를 개별적이고 다양한 내담자에게 맞추는 것도 꼭 필요한 일이다. **맞춤**이라는 개념은 획일적이고 기계적인 사례개념화 접근법과는 대조된다. 맞춤은 내담자의 특정한 사례개념화에 숨을 불어넣는 것이다. 당연히 사례개념화에는 **예측력**이 필요하다. 이 책의 저자들은 상담 과정에서 있을 수 있는 잠재적 도전과제와 장애요인을 예상할 수 있도록 충분한 기초적인 예측 언어를 제공하여, 우리에게 그러한 일들이 발생할 경우 대처할 수 있도록 했다.

Len Sperry와 Jonathan Sperry가 우리의 과제를 근사하게 대신해 준 많은 사례를 이 책에서 볼 수 있다. 내가 가장 좋아하는 예가 2장에 있는데, 이들은 (몇 개의 간결한 단락으로) Theodore Millon의 진화론적 성격 이론에 근거한 여덟 가지 성격장애에 대한 설명을 여덟 개의 명쾌한 행동패턴으로 소개하고 있다. 나는 Len Sperry와 Jonathan Sperry의 지혜로움으로 병리적인 성격장애로 간주될 수 있는 것을 내담자와 협력하여 상황에 따른 부적응 대인관계 패턴을 파악할 수 있는 언어로 바꾸었다는 점을 좋아한다. 이는 멋진 변화인데, 내담자가 정신병리학을 이해하는 것뿐만 아니라 받아들일 수 있도록 바꾸어 주기 때문이다.

그 과정은 다음과 같다.

1. 상담자와 내담자는 내담자의 반복되는 부적응 행동패턴을 다루는 평가 과정에 참여한다. 이러한 행동패턴은 분명히 문제를 일으키며 내담자에게 적합하지 않다.
2. 모든 상담자가 본질적으로 알고 있듯이, 내담자의 반복적인 부적응 행동패턴을 건드리면 내담자의 취약성이 활성화될 수 있다. 이것이 모든 상담과 심리치료의 주요 도전과제이다. 어떻게 하면 내담자의 저항을 일으키지 않으면서 동시에 인식하도록 유도할 수 있을까? 수십 년 동안 정신분석가들은 신중한 해석을 통해 이를 다루었고, 해결 중심 상담자는 문제를 언급하

지 않는 것으로 이를 다루었다. 인식과 변화에 대해 양가적인 내담자를 부드럽게 달래는 것이 동기부여 면담의 핵심이다.

3. 민감하고 병리적이지 않은 방식으로 다루어지면 저항이나 과도한 감정을 일으키지 않고 심각한 부적응 행동패턴을 다룰 수 있다. 이는 사례개념화에서 중요하지만 자주 논의되지 않는 부분이다. 이 책의 저자들은 온화하면서도 민감하고 협력적인 사례개념화의 길을 열었다.
4. 내담자는 솔직한 치료적 관계의 맥락에서 자신의 부적응 행동을 느끼고 인식하고 받아들일 수 있을 때 통찰이 가능하다. 통찰이 일어나면 흥미가 생기고 변화에 대한 동기가 일어난다. 좋은 사례개념화는 문제의 패턴을 구체화하여 내담자가 변화에 투자하도록 한다.

나는 Len Sperry와 Jonathan Sperry가 이렇게 도움이 되는 멋진 책을 저술했다는 사실이 놀랍지 않다. 여러분이 이들의 배경을 알고 이들의 성격 패턴을 개념화해 보면, 이들이 진심으로 Alfred Adler의 작업을 받아들였고 결과적으로 이들이 하는 일은 전부 사회적 관심사와 관련된 것임을 알게 될 것이다. Len Sperry와 Jonathan Sperry는 타인을 돕는 일을 하고 있다. 이들의 책은 내가 사례개념화를 더 잘 가르치는 데 도움이 되었다. 이들의 작업에 감사하며, 다음에 내가 Zoom 카메라 앞에서 손을 흔들기 시작하면 틀림없이 나의 학생들도 이들의 작업에 감사할 것이다.

University of Montana

John Sommers-Flanagan, Ph.D.

저자 서문

첫 회기에 Jessie는 상담자인 Jared에게 자기 딸이 방금 생명과 관련된 위중한 질병을 진단받았다고 이야기했다. Jared는 진단에 관한 그녀의 생각과 감정을 탐색했다. Jessie는 좀 더 일찍 진료를 받지 않은 것에 대해 죄책감과 분노를 느낀다고 했다. 첫 회기의 나머지 시간은 이런 죄책감을 일으키는 사고를 반박하는 데 초점을 두었다. 첫 회기가 끝날 즈음 추수상담 약속을 잡으려고 하자 Jessie는 더욱 낙담했다. 슈퍼비전에서 이 회기를 함께 검토한 후, Jared는 내담자가 예정된 상담 약속을 지키지 않은 것이 당연하다고 생각했다. Jared가 인턴으로 근무한 지 3주 차가 끝날 무렵 이루어진 첫 번째이자 유일한 회기에서 그는 주말 워크숍에서 배운 간단한 인지 논박 전략을 실행해 보고 싶었다. 슈퍼바이저가 Jared에게 조기종결 빙지를 염두에 두고 사례개념화를 했느냐고 질문했는데, 답은 '아니요'였다. Jared는 대학원 교과로 사례개념화를 배우지 않았기 때문에 슈퍼바이저는 Jared가 이 능력을 학습하도록 했다.

이는 지금보다 사례개념화의 임상적 가치에 대한 인식이 부족했을 때 일어난 일이다. 그런 인식을 높이기 위해 우리는 『사례개념화 이해와 실제(Case Conceptualization: Mastering This Competency with Ease and Confidence)』의 초판을 2012년에 출간했다. 그 이후에 많은 책과 논문, 그리고 책의 목차에서 사례개념화가 다루어졌다. 요즘엔 신뢰할 수 있는 사례개념화를 작성하는 능력이 상담 및 심리치료의 실제에서 필수로 여겨지고 있다. 실제로 사례개념화는 점점 가장 중요한 임상적 기술과 능력 중 하나로 여겨지고 있다. 이전에는 사례개념화가 유용하지만 선택적인 것으로 이해되었다면, 지금은 기본적이고 필수적인 것으로 여겨지고 있다.

현재, 사례개념화 접근법은 여러 가지가 있다. 여러분은 어느 것을 선택할 것인가? 그 결정을 할 때는 어떤 접근법이 효과적인지, 효과적인 것이라면 그 접근법이 상담자에게 익숙한 것인지 따져 보는 것이 좋다. Jessie의 사례를 다시 짚어 보자면, Jared가 어떤 특정 형태의 사례개념화를 했다 하더라도 조기종결은 피하기 어려웠을 것이다. 왜 그럴까? 대부분의 사례개념화 접근법이 설명과 개입의 기능은 강조하지만 예측의 기능은 거의 포함하지 않기 때문이다. 이 세 번째 기능은 상담자가 주도적으로 다루지 않으면 Jessie의 상담에서와 같이 상담의 저해 내지는 조기종결을 초래할 수 있는 문제와 장애요인을 예상하는 데 도움이 된다. 예측 기능이 없다면 사례개념화 접근법은 효과적일 수 없다.

그에 비해 이 책에서 설명하는 패턴 중심의 사례개념화 접근법은 Jessie의 회피적인 패턴 때문에 특정한 전이-역전이 현상이 일어날 수 있고, 그것이 일어나면 그녀가 했던 것처럼 상담을 중단할 수 있다는 것을 예측할 수 있다. 예측 기능은 설명 기능과 안내 또는 맞춤 기능만큼 중요하고, 때로는 그보다 더 중요하다. 특히 상담의 방향을 결정하고, 상담의 전체 효과성을 평가할 때 중요하다. 옛말에도 있듯이, 내담자가 상담실에 나타나야 진전이 있고 상담에 성공할 수 있다.

사례개념화 접근법과 출판물, 교과과정과 워크숍이 많아지고 있음에도 불구하고, 여전히 사례개념화에 대한 여러 가지 오해가 있다. 기본적으로 이런 오해들은 사례개념화 접근법이 상담자에게 익숙한지 아닌지의 정도를 반영한다. 사례개념화에 대한 그런 두 가지 오해는, ① 사례개념화가 배우기에 너무 복잡하고 어렵다는 것과, ② 작성하는 데 너무 많은 시간이 든다는 것이다. 이 책에서 소개하는 사례개념화 접근법은 최소 2시간의 교육 워크숍으로 배울 수 있고, 그 결과로 교육받는 수련생과 상담자는 15분 만에 신뢰할 수 있는 사례개념화를 작성할 수 있다.

요컨대, 사례개념화 접근법을 평가하는 중요한 기준은 사례개념화가 효과적이고 임상적으로 가치가 있는지와 상담자에게 익숙한 정도이다. 수련생과 상담자에게는 이러한 것들이 중요한 관심사이기 때문에 우리는 사용의 편의성, 실용성, 효과성에 초점을 두고 이 책을 구상했다.

그렇다면 최소 15분 안에 정확하고 완전한 사례개념화를 실제로 해낼 수 있을까? 우리가 제시한 8단계 전략에 따라 이행한다면 답은 '그렇다'이다. 이 전략은 10년 동안 1,000명이 넘는 정신건강 수련생과 전문가를 가르쳤던 경험과 사례개념화에 대한 일련의 연구 결과에서 노출되었다. 이 책은 여러분을 이러한 8단계의 전략으로 이끌 것이다. 여러분은 우선 여덟 개의 문장으로 이루어진 여덟 개의 촉진 질문에 답을 하고, 그것들을 간결하고 완전한 사례개념화 진술문으로 엮으면 된다.

각 장에서 설명할 이 사례개념화 접근법은 극소수인 증거 기반 접근법 중 하나이다. 증거 기반의 관점에서 우리는 여섯 개의 실증적 연구를 통해 대학원 학생과 상담자 모두에게 효과적임을 입증했다. 그 외 다른 사례개념화 접근법은 그렇지 않았다.

개관

1장에서는 임상적으로 가치 있는 사례개념화 접근법을 구성하는 요소와 우리가 매우 효과적인 사례개념화 접근법이라고 칭하는 접근법에 대해 다룬다. 우리는 의학 분야에서 패러다임의 변화가 진행되고 있음에 주목하고, 초점을 맞춘 사례개념화 접근법에 의해 점점 더 많은 정보가 알려짐에 따라 심리치료 분야에서도 비슷한 변화가 진행되고 있음을 시사한다.

우리의 접근법은 패턴 중심이기 때문에 2장에서는 매우 효과적인 사례개념화의 핵심인 패턴에 초점을 둔다. 이 장에서는 내담자의 기본적인 패턴을 빨리 파악할 수 있는 임상 전략을 소개하고, 가장 일반적인 패턴 중 여덟 가지를 특징적인 행동지표 측면에서 설명한다.

3장에서는 이 접근법의 기본 개념을 소개한다. 이 접근법의 핵심 행동지표인 아홉 개의 P, 즉 패턴(Pattern), 호소문제(Presentation), 촉발요인(Precipitant), 유발요인(Prediposition), 보호요인(Protective factors), 유지요인(Perpetuants), 성격-문화요인(Personality-culture), 상담계획(Plan), 예측요인(Predictive factors)에 대해 각각 설명한다.

4장과 6장에서는 매우 효과적인 사례 작성을 위한 이 접근법의 기본 전략을 소개한다. 4장에서는 5단계의 간편 사례개념화 접근법에 대한 설명과 예를 제시하고, 6장에서는 8단계의 전체 사례개념화 접근법에 대한 설명과 사례 자료가 포함된 예를 제시한다.

5장과 7장에서는 이 접근법을 배우고 익히는 데 도움이 되는 추가 사례 자료를 제공한다. 5장에서는 간편 사례개념화를 작성하는 데 도움이 되는 연습문제를, 7장에서는 전체 사례개념화를 작성하는 데 도움이 되는 연습문제를 제공한다.

여기까지는 개별적인 내담자와 상담하기 위한 사례개념화 접근법을 설명하고 그 예를 제시했다. 그러나 부부나 가족이 함께 상담할 때는 어떻게 할까? 개인별 사례개념화로 충분할까, 아니면 뭐가 더 필요할까? 개별적인 내담자를 위한 개념화가 필요하지만, 부부상담이나 가족상담에서는 그것만으로는 충분치 않다. 따라서 8장에서는 효과적인 부부 및 가족 사례개념화를 하는 데 포함되는 추가적인 행동지표를 제시한다. 전국적인 관심을 끌었던 자극적이고 문제가 많은 사례를 통해 우리의 접근법이 어떻게 개인, 부부, 가족의 패턴을 포함하는지 제시하고자 한다.

9장에서는 우리가 소개하는 이 접근법을 숙달하는 방법에 대해 다룬다. 계획적인 연습과 마음챙김 같은 구체적인 개입을 강조하고 구체적인 연습이 제시된다. 또한 이 장에서는 정신건강 관련 교수자들이 다양한 대학원 과정에서 패턴 중심 접근법을 계획적으로 통합하고자 할 때 사용할 수 있는 기본 양식을 제시한다.

마지막으로, 우리가 제시하는 사례개념화 접근법이 간단하고 효과적이라는 주장을 뒷받침하는 일련의 연구에 대해 알고 싶어 하는 사람들을 위해 10장에서는 우리가 제시하는 접근법의 기원과 간결성(15분) 및 효과성에 대한 증거를 설명한다. 이 장에서는 수련생과 임상가를 가르치고 슈퍼비전하는 데에서 이를 활용한 지난 10년간의 경험과 여섯 개의 연구 결과를 제시한다.

이 책이 저자가 쓴 다른 사례개념화 책들과 어떻게 다른지 궁금해하는 사람도 있을 것이다. 『사례개념화의 이해와 실제』 2판이 공통적인 사례개념화 요소들과 다섯 가지 주요 상담이론의 특정 요소를 통합하는 데 역점을 두었다면, 이 책은 더 간결하고 더 실용적이다. 이 책은 간결하고 효과적이며 설득력 있는 사례개념화를 작성하기 위해 8단계로 구성된 패턴 중심의 양식을 학습하는 것에만 초점을 두고 있으며, 그 결과 여덟 개의 문장으로 구성된 사례개념화 진술문을 제시하고 있다.

이 책과 Len Sperry가 쓴 『패턴 중심 치료(Pattern Focused Therapy)』(2021)와는 어떤 연관성이 있을까? 두 책 모두 패턴의 중요성을 강조하지만, 패턴 중심 치료는 증거 기반, 패턴 중심의 사례개념화가 어떻게 정신건강과 통합 치료 장면에서 치료에 대한 증거 기반, 패턴 중심 접근법을 알려 주는지 설명하고 예를 보여 준다.

우리는 머지않아 여러분이 15분 안에 신뢰할 수 있는 사례개념화를 작성할 수 있을 거라고 기대하며, 남들보다 여러분이 가장 먼저 그렇게 되기를 바란다!

차례

1장

패턴 중심 사례개념화 접근법

설명하고 안내하고 도전과제를 예측하는 사례개념화

Jill의 사례

치료적 동맹을 알리는 사례개념화

패턴 중심의 사례개념화 접근법

결론

사례개념화에 대한 임상적으로 가치 있는, 다시 말해서 매우 효과적인 접근법은 무엇일까? 일반적으로 상담자는 사례개념화 접근법이, ① 내담자가 호소증상이나 갈등을 경험하는 이유를 이해하는 데 도움이 되는 유용한 설명, 그리고 ② 상담개입을 계획하고 실행하는 데 유용한 지침을 제공하기를 기대한다. 최근의 몇몇 사례개념화 접근법은 이런 것을 제공하고 있다. 이 두 가지는 모두 필요하지만, 그것이 임상적 유용성과 치료적 효과성을 위한 충분조건은 아니다. 종종 이런 접근법은 조기종결을 막으면서 긍정적인 임상적 변화를 이루는 데 필수적인 것, 즉 첫 대면에서 시작해 상담 과정이 진행됨에 따라 맞닥뜨릴 수 있는 임상적 도전과 장애요인에 대한 예측을 제공하지 못하기 때문이다.

그에 비해 이 책에서 소개하는 접근법은 설명 기능과 개입 지침 기능뿐만 아니라 예측 기능을 강조한다. 이 장에서는 이 책에서 소개하는 패턴 중심 접근법의 핵심인 이 세 가지 기능에 대해 설명하고자 한다. 의학 분야에서 정밀의학이 등장해 생체지표에 근거한 정밀하고 개인적인 치료에 초점을 두는 것으로 패러다임이 변화한 것처럼 심리치료 분야에서도 행동지표에 근거한 비슷한 변화가 일어나고 있다. 상담 결과를 최적화하고, 문제를 설명하고, 개입을 안내하고, 상담의 도전과제를 예측할 수 있는 행동지표에 근거한 사례개념화 접근법이 이 분야의 미래가 될 것이다. 이 책에서 소개하는 패턴 중심 사례개념화 접근법은 바로 그런 접근법 중 하나이다. 핵심 내용은 나중에 Jill의 사례에서 자세히 설명할 것이다.

패턴 중심 사례개념화 접근법: 이 사례개념화 접근법은 내담자의 상황과 부적응 패턴을 이해하고 설명하기 위해, 내담자에게 맞는 상담개입을 안내하기 위해, 상담 과정에서 맞닥뜨리는 도전과 장애요인을 예상하고 상담의 성과를 최적화하기 위해 증거 기반 전략을 제시한다. 따라서 높은 수준의 설명력, 상담개입 맞춤력, 예측력을 보인다.

설명하고 안내하고 도전과제를 예측하는 사례개념화

이 절에서는 임상적 가치가 높은 사례개념화 접근법의 세 가지 핵심 기능에 대해 설명하겠다. 특정한 사례개념화의 적절성과 정확성을 평가하는 데는 설명력, 상담개입 맞춤력, 예측력이라는 세 가지 기준이 사용된다. 당연하게도 높은 수준의 설명력, 상담개입 맞춤력, 예측력은 매우 효과적인 사례개념화 접근법의 특징이다. 이 세 가지 기능은 모두 패턴에 의해 정보가 전달되고 반영된다. 패턴에 대한 기본적인 설명은 다음과 같다.

패턴

사례개념화에 대한 우리의 접근법은 패턴에 중심을 두고 있다. 우리는 패턴을 개인이 생각하고, 느끼고, 대처하고, 행동하는 데 있어서 예측 가능하고, 일관되고, 자기영속적인 방식이라고 정의한다. 우리는 패턴 인식과 패턴 변화가 '사례개념화의 핵심'이라고 생각한다(Sperry & Sperry, 2020, p. 34). 심리치료를 받든 안 받든 우리 대부분은 패턴의 개념에 익숙하며, 우리 자신의 패턴을 인식하고 바꾸는 것을 배울 수 있다. 사실,

> 대부분의 내담자는 자신의 행동에 근본적인 '패턴'이 있다는 생각을 쉽게 받아들인다. 패턴이라는 단어는 행동과 경험에 질서와 의미가 있다는 것을 시사하므로 안심이 된다. 내담자에게 이런 패턴에 대해 알려주면 스스로 사건과 거리를 두는 데 도움이 되고 자기관찰을 촉진한다. 동시에 패턴 인식은 이전에는 연결되지 않는다고 여겼던 사건, 행동, 경험들을 연결하는 통합을 촉진한다(Livesley, 2003, p. 274).

2장에서는 패턴에 초점을 맞춰, 심리치료에서 나타나는 가장 일반적인 여덟 가지 패턴을 그 기원과 함께 설명할 것이다. 각 패턴의 부적응 유형과 적응적 유형을 촉발요인과 함께 설명하고, 다섯 개의 잠재적 치료 도전과제 또는 장애요인을 각각 제시할 것이다.

설명 기능

설명은 문제가 될 수 있는 일련의 상황에 의미를 부여하는 진술이다. 사례개념화의 관점에서 보면, 내담자의 부적응 패턴이 나타나기 시작하면서 상담자는 과거와 현재의 내담자의 행동과 반응을 설명하는 요인, 특히 호소문제와 관련된 설명을 제공할 수 있다. 내담자의 증상 또는 관계갈등을 부적응 패턴의 관점에서 설명함으로써 내담자는 상황에 대한 이해를 하고 어느 정도 통제를 경험할 수 있다. 또한 설명은 제안하는 상담개입에 대한 합당한 근거를 제공한다.

설명력

우리의 사례개념화 접근법에서 패턴은 핵심 개념이다. 따라서 특정 사례개념화가 내담자의 부적응 패턴을 정확하고 설득력이 있는 방식으로 설명할 수 있는 정도는 우리의 접근법에서 필수적이다. 이를 설명력이라고 한다(Sperry & Sperry, 2020). 사례개념화는 낮은 수준에서 매우 높은 수준까지 다양한 설명력 등급을 가지고 있다. 부적응 패턴의 유발요인, 위험요인 및 보호요인, 문화적 요인, 특수성이 정확할수록 설명력의 수준이 높아진다.

안내 기능

사례개념화의 활용 가치에 대해 읽거나 듣는 내용의 대부분은 사례개념화가 개입을 '안내'하는데 도움이 된다는 것이다. 그러나 개입을 안내한다는 것이 정확히 무슨 의미일까? 구체적으로 여러분이 지금 상담작업을 하고 있는 특정 내담자를 안내한다는 것의 의미는 무엇일까? 우리의 경험으로는 개별적이고 맞춤인 개입을 결정할 때 사례개념화 접근법을 사용하는 것이 사례 요약보다 낫다. 그러나 이런 접근법 중 몇 가지는 여러분이 구체적으로 상담개입을 짜는데 도움이 되기도 하지만, 상담개입 이슈와 도전과제를 예측하고 그것을 특정 내담자에게 어떻게 대처해야 하는지에 대해서는 별로 도움이 되지 않는다.

이것이 바로 이 책에서 소개하고 있는 패턴 중심 접근법이 다른 사례개념화 접근법과 다른 점이다. 무엇이 다를까? 그것은 '정밀화'와 '개인화'이다. 의료분야에서 정밀의료 정책이 발표되고 실행된 이래 정밀화와 개인화에 초점을 맞추어 의료 행위는 빠르게 변화되기 시작했다(Collins & Varmus, 2015; Parker et al., 2016).

이 정책은 의료분야에서 진행 중인 패러다임의 변화를 반영하고 있다. 그 특징은 치료 성과를 최적화하기 위해 시행-착오 전략을 정밀화와 개인화 전략으로 대체한 것이다(Parker et al., 2016). 정밀의학 접근법은 전통적인 시행-착오 전략 대신 유전적 생체지표에 근거해 특정 환자에게 '가장 적합한' 암 치료의 정확한 조합을 선택하기 위해 암 치료에 처음 적용되었다. 그 결과, 시행-착오에 기반한 의학적 결정에 따른 골치 아픈 부작용과 시간 낭비 없이 신속하고 최적의 치료 반응을 얻을 수 있었다.

이 접근법은 현재 일반적으로 항우울제 치료를 받고 있는 우울증 환자들에게 적용되고 있다(Musker & Wong, 2019). 환자의 1/3만이 처음 처방된 항우울제에 긍정적인 치료 반응을 보였다는 것을 감안할 때, 시행-착오 전략은 효과적인 약을 찾을 때까지 (때로는 일 년간) 계속된다. 그에 비해 정밀의학 접근법은 어떤 항우울제가 가장 적합한지를 선택하기 위해 유전적 특성을 포함한 개인의 고유한 유전적 생체지표를 사용한다.

정밀의학 접근법이 심리치료 분야에서도 개인 맞춤 전략으로 적용될 수 있을까? 답은 "그렇다."이다. 이 전략은 정밀의학/정신건강이라고 불리며(Delgadillo & Gonzalez Salas Duhne, 2020), 최근 연구는 유망하다. 예를 들어, 연구자들은 주요 우울증 환자의 생체지표와 행동지표에 치료접근(인지행동치료 또는 인간중심상담)을 조합하였다. 연구 결과, 최적의 치료 조합을 받은 환자들은 크게 개선될 가능성이 두 배나 높은 것으로 나타났다(Delgadillo & Gonzalez Salas Duhne, 2020).

사례개념화는 심리치료를 개인화할 때 강력한 전략이 될 수 있다. 심리치료 개입에 가장 적합한 생체지표는 아직 없지만, 이 책에서 소개하는 아홉 개의 '행동지표'가 생체지표와 비슷한 기능을 한다. 우리는 '정밀 중심' 사례개념화가 시행착오 없이 내담자에게 가장 적합한 상담 과정을 계획하고 실행하는 데 있어 특별히 강력한 전략이라고 생각한다. 이 책에서 소개하는 패턴 중심 접근법이 바로 그런 접근법이다.

의료분야에서의 시행-착오는 심리치료에서 처음에 예상하지 못했던 상담 과정의 불가피한 수정과 비슷하다. 수련생들은 임상적으로 입증된 상담개입이 포함된 초기 치료적 접근이 모든 내담자에게 효과적이지 않다는 것을 일찌감치 배운다. 의료분야처럼 심리치료에도 부작용이 있다. 이를 심리치료 저해 행동 또는 요인이라고 한다(Linehan, 2015). 이런 요인들 중 가장 일반적인 것이 치료적 동맹의 위반, 상담 반응 부족, 중도 탈락 또는 조기종결이다(Sperry, 2021).

우리가 이 진화하는 패러다임의 변화를 '정밀 심리치료'나 비슷한 무엇으로 부르자고 제안하는 것은 아니지만, 우리는 심리치료를 개별적으로 맞춤화하고 성과를 최적화하는 데 중점을 두는 사례개념화 접근법의 활용을 계속해서 지원할 것이다. 이 책은 상담자 및 그 밖의 다른 정신건강 전문가들이 특정한 내담자를 위해 가장 적합하고 최적의 임상 성과를 내는 검증된 일련의 기술들을 갖출 수 있도록 하기 위한 우리의 지속적인 노력을 보여 준다.

▶ 매우 효과적인 사례개념화 접근법의 아홉 가지 행동지표

호소문제	촉발요인에 대해 호소하는 문제와 특징적 반응
촉발요인	호소문제를 일으키는 패턴을 활성화하는 촉발요소
패턴	호소문제의 근원이 되는 생각, 느낌, 행동, 대처 방법의 예측 가능하고 일관된 방식. 적응적이고 융통성 있고 효과적이거나 부적응적이고 융통성이 없으며 비효과적
유발요인	적응적 또는 부적응적 호소문제(증상) 그리고 패턴 기능을 촉진하는 생리적 · 심리적 · 사회적 요인
유지요인	호소문제와 패턴을 유지하는 요인
성격-문화요인	호소문제에 영향을 주는 문화적 요인(정체성, 문화적 설명, 스트레스 요인, 문화적응)과 성격
보호요인	안녕을 촉진하고 임상적 증후의 발현 가능성을 감소시키는 요인
상담계획	패턴 변화를 포함한 명시된 상담목표와 이를 달성하기 위한 치료적 개입과 문화적 개입
예측요인	패턴을 통해 예상되는 상담 과정에서의 도전과제

맞춤력

우리의 사례개념화 접근법에서 맞춤은 핵심 개념이다. 상담계획과 그 실행에 대해 설득력 있는 설명으로 알려 줄 때, 상담 성과가 커질 가능성이 높다. 사례개념화는 초점을 두고 맞춤화하는 단계가 낮은 수준부터 매우 높은 수준까지 다양하다. 상담계획은 특정 내담자의 유발요인과 문화적 설명뿐만 아니라 내담자의 특정한 요구, 목표, 준비도 및 상담 과정에 참여하려는 의지를 반영하고 '적합'한 정도에 따라 평가되며, 이는 최적의 상담 성과로 이어진다. 이를 '맞춤력'이라고 하며 개입 안내 기능과 통합적으로 관련되어 있다.

예측 기능

예측이란 치료적 동맹을 포함한 상담 과정과 상담 성과에서 일어날 수 있는 도전과제 및 장애요인을 예상하는 것을 의미한다. 수련생들은 성격과 행동패턴의 일관성과 지속성에 대해 알기 전까지는 그런 예측을 하는 것이 어렵다고 생각한다. 이처럼 특정 패턴의 지속적인 특성이 예측을 가능하게 한다. 예를 들어, 수동공격성 패턴을 가진 내담자는 특정 기대가 전달되면 양가감정이나 저항할 가능성이 크다. 회피성 패턴을 가진 내담자가 집단치료에 참여하는 것을 즉시 거부하거나 의존적인 내담자가 종결을 가장 어렵게 여기는 것은 당연한 일이다. 상담자는 패턴 외에도 내담자의 발달사 및 사회생활력, 특히 초기 관계갈등과 트라우마를 고려하는 것이 좋다. 내담자가 이전에 작은 개인적인 변화를 만드는 데 성공한 경험이 없다면, 이런 역동을 직접적으로 다루지 않는 한 상담이 실패할 수 있음을 시사한다. 우리는 수련생들에게 내담자와의 첫 만남에서 가능성이 있는 패턴에 대한 단서를 찾기 시작하고 그다음 그 패턴을 확인하는 질문이나 배제하는 질문을 하도록 가르친다.

예측력

우리의 사례개념화 접근법에서는 상담 과정에서 있을 수 있는 임상적 도전과제와 장애요인을 예상하고 예측하는 것이 매우 중요하다. 내담자의 패턴과 관련된 다섯 개의 특징적 도전과제와 기타 요인들을 인식할 수 있는 능력은 상담자의 전문성을 나타내는 지표가 된다. 사례개념화는 궁극적으로 그러한 장애요인을 인식하고 치료적 반응을 사전에 계획하는 것에 그 임상적 가치가 있다. 이것을 '예측력'이라고 한다(Sperry & Sperry, 2020). 또한 예측력이 높은 사례개념화는 최적의 상담 성과로 이어진다.

효과적인 상담 성과를 얻으려면 상담자가 이러한 치료적 도전과제와 연관된 상담 저해 행동을 예측하고, 인식하고, 대응해야 한다. 따라서 사례개념화에는 이런 요소들이 반드시 포함되어야 한다. 그런 요인들을 예측할 수 있으므로, 상담자는 상담 과정에 그런 요인들이 나타나기 전에 또는 나타났을 때 실행할 수 있는 해결 전략을 포함한 적절한 대응을 계획할 수 있다.

설명력: 사례개념화에서 내담자에게 이들이 상담에서 호소하는 문제 경험들을 이해하도록 설득력 있는 설명을 제공하는 정도. 설명력이 높으면 내담자의 상담 과정 참여도가 높아진다.

맞춤력: 사례개념화에서의 상담계획이 내담자의 고유한 패턴, 요구, 기대 및 준비도에 맞게 개인화된 정도. 맞춤력은 상담자의 효과성에 대한 신뢰와 확신뿐만 아니라 치료 참여도를 증가시키고 최적의 상담 성과를 이끌어 낸다.

예측력: 사례개념화에서 문제가 일어나기 전에 상담 과정에서의 도전과제를 신뢰성 있게 예측하는 정도. 선제적으로 대응할 때 상담 성과가 최대화된다.

Jill의 사례

Jill의 사례는 예측 과정과 계획된 대응 과정을 보여 준다. 다음은 Jill의 패턴과 독특한 촉발요인, 상담 과정에서 나타날 수 있는 다섯 개의 특징적인 도전과제를 탐색한 사례개념화 요약 발췌문이다. Jill은 혼자 살고 있고 미혼인 29세의 백인 여성으로 3주간의 기분 저하, 눈물, 사회적 고립으로 가족 주치의에 의해 Marilyn Jackson 박사에게 평가와 상담이 의뢰되었다. 친하고 믿었던 동료의 퇴직이 이런 증상들을 촉발한 것으로 보인다. 그녀는 우울한 기분을 동반한 적응장애 진단을 받았고, 회피적 성격특성을 보였다.

두 개의 상담목표가 설정되었다. 첫 번째 목표에는 우울 증상을 줄이고, 대인관계 및 친구 관계 기술을 향상시키며, 사회적 관계망을 넓히는 것이 포함되었다. 두 번째 목표에는 타인과 관계를 맺을 때 더 안전하다고 느낄 수 있도록 적응적 패턴을 개발하는 것이 포함되었다.

사례개념화 발췌문

Jill의 발달사와 사회사는 그녀의 부적응 패턴을 반영한다. 그녀는 가능하면 새로운 만남을 피하지만 자신이 신뢰하는 소수의 사람을 제외한 타인과는 조건부로 관계를 맺고 있다. 따라서 그녀는 기본적인 대인관계 기술이 부족하고, 사회적 관계망은 제한적이다. 친밀한 대인관계와 사회적 모습에 대한 요구, 믿었던 친구의 상실이 그녀 패턴의 촉발사건 또는 촉발요인이다(**패턴과 패턴의 촉발사건**).

그녀의 회피 패턴을 고려해 보면, 상담 과정에 참여하려는 그녀의 노력에는 양면적인 저항이 있을 수 있다. 그녀는 상담자와 개인적인 문제를 이야기하는 데 어려움을 겪을 것으로 예상되며, 막판에 약속을 바꾸거나 취소하고 지각함으로써 상담자가 자신을 비난하도록 상담자를 '시험'하고 자극할 것으로 예상된다. 그녀는 해야 할 일을 미루고 감정을 회피하며, 다른 한편으로 상담자의 신뢰성을 '시험'할 것으로 예상된다. 더구나 그녀의 회피성 패턴은 집단상담에 참여하고 지속하는 것을 어렵게 할 가능성이 있다. 따라서 수용적이고 비판단적인 집단상담자와 여러 번 만나도록 하여 개인상담에서 집단상담으로 전환할 수 있도록 도와야 한다. 이것은 Jill의 안전감을 높여서 집단장면에서 어렵지 않게 자기노출을 할 수 있게 할 것이다(**참여**). 전이 재연도 고려해야 한다. 부모와 또래의 비난과 괴롭힘의 정도를 감안해 볼 때, 상담자가 조급해하고 언어적 · 비언어적 비난의 징후를 보이면(**역전이**) 이러한 전이가 활성화(**전이**) 될 것으로 예상된다. 사회적 관계성과 기술을 향상시키기 위해 지지적인 집단상담에 참여시키려는 초기의 노력은 그녀가 비교적 안전하다는 확신을 할 때까지 거부될 수 있다. 따라서 그녀를 그런 집단에 참여시키려는 노력은 그녀가 적어도 새로운 한 명의 지인과 신뢰 관계를 형성한 후에 이루어져야 한다(**상담 과정**). 마지막으로, 상담 과정 초기에 종결에 대한 계획을 적극적으로 세워야 한다. 그렇지 않으면 상담실 밖의 사회적 지지 체계가 증가하지 않는 한, 종결이 가까워짐에 따라 그녀는 상담자에게 매달리고 상담을 연장해야 한다고 주장할 가능성이 있다(**종결**).

사례 논평

대부분의 사례개념화 접근법은 첫 번째 목표에 초점을 맞추지만, 패턴 중심 접근법은 Jill의 기본적인 패턴에 기반한 두 번째 목표에 초점을 둔다. 따라서 Jill과 상담작업을 할 때 독특한 장애요인과 도전과제를 예상할 수 있다. Jackson 박사는 이 다섯 가지 행동지표의 확인을 바탕으로, 상담 과정에서 예상되는 도전과제를 예측하고 선제적으로 대응할 수 있었다. 이런 사례개념화의 정밀화는 Jill의 상담 성과를 최대화할 것으로 기대된다.

그렇다면 Jackson 박사나 다른 상담자는 어떻게 이런 예상되는 도전과제를 알 수 있었을까? 그녀가 회피적인 내담자와의 상담작업을 성공적으로 한 경험이 많을 수 있다. 또한 슈퍼바이저, 자문가 또는 지식이 풍부한 동료와 그 사례에 대해 논의했을 수도 있다. 아니면 그녀가 회피적인 내담자와 관련된 도전과제를 언급한 우리 책 중 하나를 읽었거나 워크숍에 참여했을 수도 있다. 2장에서 심리치료 실제에서 가장 일반적인 여덟 가지 패턴에 대한 표를 제시할 것이다. 회피성 패턴에 관한 표는 다음과 같다.

참여	'시험하는' 행동(예: 약속을 바꾸거나 지각하기), 비난받는 것에 대한 두려움, 자기노출의 어려움, 조기종결
전이	상담자의 신뢰성을 '시험하기', 신뢰가 생기면 상담자에게 지나치게 의존
역전이	좌절과 무력감, 내담자에 대한 비현실적인 치료적 기대
상담 과정	주변의 타인들이 안전하다고 느낄 때까지는 진전을 이루는 것을 두려워함, 상당히 안전하다는 확신이 들기 전에는 집단상담에의 참여를 거부할 수 있음
종결	앞으로 있을 종결에 대한 불안과 양가감정

치료적 동맹을 알리는 사례개념화

어떤 사람들은 치료적 동맹이 모든 임상 기술 중에서 가장 중요하다고 주장하고, 또 다른 사람들은 특정한 치료적 요인들이 더 중요하다고 주장한다. 우리는 임상과 슈퍼비전 경험을 바탕으로 치료적 동맹 관점을 선호하지만, 미세하게 다르다. 우리는 매우 효과적인 사례개념화는 치료적 동맹을 '알려 주고', 개별화할 수 있다고 믿는다. 그런 사례개념화는 상담자가 내담자의 고유한 패턴, 욕구, 문화에 민감하도록 하고 임상적으로 생산적인 동맹을 개발하고 유지할 수 있도록 촉진한다. 이런 미묘한 의미에서 사례개념화는 가장 중요한 임상 기술이자 역량이다.

임상 사례는 예측 기능의 중요성뿐만 아니라 이 점을 보여 주고 있다. 수련 중인 상담자는 일반적으로 좋은 치료적 동맹을 맺는 데 도움이 되는 상담자의 행동을 기억하기 위해 SOLER(Sit, Open, Lean, Eye, Relxed; 바로 앉아서, 열린 자세로, 몸을 앞으로 기울이고, 직접 시선을 마주치며, 편안하게)라는 약어를 배운다. 이런 공식이 많은 내담자에게 효과가 있지만, 모든 내담자에게 그런 것은 아니다. 사실 이 공식으로 내담자가 회기에서 부정적으로 반응하거나 돌아오지 않는 결과(예: 조기종결)를 초래할 수 있다. 이 행동 중 하나인 직접 시선을 마주치는 것이 특정 내담자에게 미칠 영향을 살펴보자. 수줍어하거나 회피적인 패턴을 가진 내담자는 상담자의 직접적인 눈 맞춤을 불편하게 여기지만, 경계하거나 편집적인 패턴을 보이는 내담자는 상담자를 위협으로 인식해 말이나 행동에서 부정적으로 반응할 수 있다. 비슷하게, 특정 문화권의 내담자는 직접 시선을 맞추는 것을 무례하거나 위협적인 것으로 인식할 수 있다.

그러나 상담자가 회피적이거나 편집적 패턴을 가진 내담자와 상담할 때의 도전과제를 염두에 두고 예측 기능을 강조하는 사례개념화 접근법을 활용하면, 효과적인 치료적 동맹을 방해하는 내담자 반응을 일으키는 직접 시선 마주치기나 다른 SOLER 행동을 하지 않을 것이다. 그 대신 상담자는 이런 내담자와의 초기 면담에서 더 간접적이고, 중립적이며, 유보적일 것이다. 이런 경우, 사례개념화의 예측 기능은 상담자에게 그런 내담자를 예상하여 더 효과적이고 치료적으로 대응할 수 있도록 해 준다.

구체적으로, 사례개념화는 치료적 관계의 발전 및 유지와 직결되며, 내담자의 패턴은 상담자에게 상담 과정에서 있을 수 있는 도전과제를 다루는 방법에 대한 틀을 제공한다. 어릴 때 과잉보호를 받았다는 25세의 내담자를 만나는 상상을 해 보자. 그녀는 형제자매와 부모가 지속적으로 자신을 위해 선택을 해 줬고, 어릴 때뿐만 아니라 성인이 되어서도 많은 개인적 문제를 해결해 주었다고 이야기한다. 그녀는 여러분에게 자신의 상담목표가 "스스로 결정을 하고, 자신의 목소리를 낼 수 있게 되는 것"임을 알려 주고 있다. 여러분은 초기 평가를 끝내고, 내담자가 도움을 구하기 위해 타인에게 다가가고 자급자족과 독립성이 필요한 상황을 지속적으로 피하는 의존성 패턴이라고 판단한다. 면담이 끝날 즈음, 여러분이 추후 약속을 잡자고 하면 내담자는 여러분을 방해하며, "전 진짜 선생님의 도움이 필요해요. 제가 뭘 어떻게 해야 할까요?"라고 질문한다. 의존성 패턴을 가진 내담자는 종종 정신건강 전문가에게 잘 보이려 하고 직접적인 조언을 구하려 한다는 것을 여러분이 알고 있다면, 문제를 해결해 달라는 내담자의 요청에 응하지 않을 것이다. 그 대신 여러분은 몇 가지 초기의 아이디어를 발전시키는 자율권을 주는 과정에 내담자를 참여시킬 것이다. 조언해 주지 않고 내담자가 협력적인 상담목표를 설정하는 데 참여하도록 하는 결정은 그녀의 패턴을 고려한 사례개념화에 따른 것이다. 이것은 사례개념화가 치료적 동맹을 맺는 방법을 알려 주는 또 다른 예이다.

패턴 중심의 사례개념화 접근법

이 책은 사례개념화에 대한 매우 효과적이고 임상적으로 가치 있는 접근법에 관한 책이다. 이 책은 높은 수준의 설명력, 맞춤력 및 예측력이 있는 사례개념화를 정확하고 효과적인 접근법으로 배우고 익히는 데 매우 실용적인 책이다(Sperry & Sperry, 2020). 이 접근법은 패턴과 패턴의 촉발사건을 포함하는 특정 행동지표뿐만 아니라 있을 수 있는 도전과제를 예측하고 상담 과정을 촉진할 수 있는 것들(참여, 진입, 역진입, 상담 과정, 종결)에 기반을 두고 있다.

결론

우리는 임상적으로 가치 있는 사례개념화 접근법의 세 가지 핵심 기능을 소개하고 사례를 들어 설명했다. 그것은 내담자의 호소문제를 설명하고, 상담자가 상담 과정을 계획하고 실행하도록 안내한다. 마찬가지로 중요한 것은 상담 과정의 처음부터 끝까지 있을 수 있는 치료적 도전과제(참여, 전이, 역전이, 치료 진전이나 퇴행, 종결)를 예측하는 것이다. 이것은 결코 작은 문제가 아니다. 왜냐하면 상담자가 다섯 개의 확인된 임상적 도전과제를 예측하는 데 직접적으로 도움이 되지 않는 접근법들은 치료적 동맹의 파열과 조기종결을 사전에 예측하고 예방하지 못하기 때문이다.

그에 비해 이 책은 상담자가 이러한 도전과제에 민감하게 하여 상담 성과를 최대화할 가능성을 높일 것이다. 의료분야에서 생체지표에 기반한 정밀 맞춤 치료로의 전환이 일어나는 것처럼, 심리치료 분야에서도 행동지표 기반 사례개념화를 토대로 하는 정밀 맞춤 치료로의 전환이 진행 중이다. 마지막으로 이 장에서는 패턴의 중심성과 우선성을 강조했는데, 이는 Jill의 사례에서 설명했다. 다음 장에서는 패턴 중심의 접근법을 상세하게 설명하고, 이를 학습하고 익히는 단계별 방식을 제시할 것이다.

참고문헌

Collins, F. S., & Varmus, H. (2015). A new initiative on precision medicine. *New England Journal of Medicine, 372*(9), 793-795.

Delgadillo, J., & Gonzalez Salas Duhne, P. (2020). Targeted prescription of cognitive-behavioral therapy versus person-centered counseling for depression using a machine learning approach. *Journal of Consulting and Clinical Psychology, 88*(1), 14-24.

Linehan, M. (2015). *DBT skill training manual* (2nd ed.). Guilford.

Livesley, W. J. (2003). *Practical management of personality disorder.* Guilford.

Musker, M., & Wong, M. L. (2019). Treating depression in the era of precision medicine: Challenges and perspectives. In P. Quevedo, A. Carvalho, & C. Zarate (Eds.), *Neurobiology of depression* (pp. 265-275). Academic Press.

Parker, R. M., Bakken, S., & Wolf, M. S. (2016). Getting it right with the precision medicine initiative: The role of health literacy. *NAM Perspectives*. National Academy of Medicine. https://doi.org/10.31478/201602a

Sperry, L. (2021). *Pattern focused therapy: Highly effective CBT practice in mental health & integrated care settings.* Routledge.

Sperry, L., & Sperry, J. (2020). *Case conceptualization: Mastering this competency with ease and confidence* (2nd ed.). Routledge.

2장

패턴
: 패턴 중심 사례개념화 접근법의 핵심

패턴, 성격유형, 성격장애
패턴을 식별하는 임상 전략
패턴 프로파일
결론

우리가 소개하는 사례개념화 접근법의 핵심은 패턴이다. 또한 패턴은 이 책의 핵심이기도 하다. 1장에서는 임상적으로 가치 있는 사례개념화의 세 가지 기능 중 치료적 도전과제를 예측하고 다루는 능력이 상담 성과를 최대화하고 조기종결 및 상담 저해 행동의 가능성을 예방하거나 크게 줄이는 데 중요하다는 점을 강조했다. 이 장에서는 상담 실제에서 가장 일반적인 여덟 가지 패턴을 설명하고, 그 각각에 대한 다섯 개의 기본적인 치료적 도전과제를 강조하고자 한다. 물론 우리의 과정을 수강하고 워크샵에 참석한 수련생과 상담자는 이런 일반적인 치료적 도전과제를 예상하고 사례개념화에 그것을 포함하는 것이 필수라는 이번 장의 내용을 알고 있다. 이들은 또한 각 패턴에 대한 간략한 설명과 패턴이 전개됨에 따라 수렴되는 생리적 · 심리적 · 사회적 영향에 대한 논의와 주요 요점을 강조한 표를 높이 평가했다.

이 장은 패턴을 정의하고, 성격 패턴을 빠르게 파악할 수 있는 임상 전략을 제시하는 것으로 시작하고자 한다. 그다음 회피성, 경계성, 의존성, 연극성, 자기애성, 강박성, 편집성, 수동공격성의 여덟 가지 패턴을 설명할 것이다. 이러한 각각의 패턴을 논의할 때 패턴 설명, 패턴 발달, 패턴 유형, 치료적 도전과제라는 공통 양식을 사용할 것이다.

패턴, 성격유형, 성격장애

일상 언어로서의 패턴이 생각과 행동의 반복적인 방식이라면, 심리학에서 성격이라는 용어는 지각하고, 사고하고, 느끼고, 행동하고, 대처하고, 타인과 관계를 맺는 지속적인 패턴을 의미한다. 성격유형은 유연하고 적응적인 패턴을 의미한다. 반면 성격장애는 융통성이 없고, 부적응적이며, 고통이나 기능 장애를 초래한다. 건강하고 적응적인 패턴은 자립심, 자기 책임감, 협동심, 자기 초월성을 반영하고, 부적응 패턴은 자립심 부족, 무책임함, 협동심 결여, 자기도취의 특징이 있다(Cloninger, 2000).

이 책에서는 성격유형과 성격장애라는 용어보다는 적응적 패턴과 부적응 패턴이라는 용어를 사용하고자 한다.

패턴을 식별하는 임상 전략

패턴은 움직임의 유형과 활동 수준에 따라 임상적으로 구별할 수 있다. Alfred Adler는 성격유형을 결정하는 요인으로 움직임과 활동 수준을 언급했고(Ansbacher & Ansbacher, 1956), Karen Horney(1951)는 움직임에 대한 Adler의 초기 관찰을 확장했다. 그녀는 모든 행동은 사회적 맥락에서 세 가지 방향(타인을 향해 다가가기, 물러서기, 대항하기)으로 이해될 수 있다고 했다. Adler는 오늘날 일반적으로 '양가적'이라고 하는 '주저하는' 움직임, 즉 왔다갔다하는 움직임의 유형을 설명했다. 또한 활동 수준은 주로 적극적이거나 수동적이라고 했다(Ansbacher & Ansbacher, 1956). 활동은 기질의 영향을 받는 것으로 보인다. 예를 들면, 편안하고 느긋한 기질을 가진 사람은 활동적이거나 까다로운 기질을 가진 사람보다 활동적이지 않을 가능성이 높다.

이런 움직임-활동 수준 관찰을 통해 일반적인 성격유형과 성격장애를 연결한 2×2 매트릭스가 만들어졌다(Sperry, 2011, 2021). 최근에는 패턴이라는 용어가 성격유형과 성격장애를 대체하고 있다. 이렇게 만들어진 매트릭스는 〈표 2-1〉에 제시하였다. 매트릭스는 네 가지 유형의 움직임(대항하기, 다가가기, 물러서기, 양가적)과 두 가지 유형의 활동 수준(적극적, 수동적)을 기반으로 한다. 이 두 요소를 결합하면 여덟 가지의 기본 패턴이 나온다.

표 2-1 패턴 매트릭스

활동 \ 움직임	대항하기	다가가기	물러서기	양가적
적극적	반사회성 패턴 편집성 패턴	연극성 패턴	회피성 패턴	강박성 패턴 경계성 패턴
수동적	자기애성 패턴	의존성 패턴	조현성 패턴	수동공격성 패턴

여덟 가지 패턴은 반사회성 패턴(대항하기-적극적), 자기애성 패턴(대항하기-수동적), 연극성 패턴(다가가기-적극적), 의존성 패턴(다가가기-수동적), 회피성 패턴(물러서기-적극적), 조현성 패턴(물러서기-수동적), 강박성 패턴(양가적-적극적), 수동공격성 패턴(양가적-수

동적)이다. 수동공격성 성격장애는 『정신장애의 진단 및 통계 편람 제4판(DSM-IV)』(APA, 1994) 이후에 진단으로 들어가지는 않지만, 상담 현장에서는 일반적인 호소문제로 계속 등장하기 때문에 여기에 수동공격성 패턴으로 포함했다. 경계성 패턴과 편집성 패턴이라는 두 가지 다른 패턴도 상담 현장에서 흔히 볼 수 있으므로 이 장에 포함했다. 연구에 따르면, 이 두 패턴은 다른 여덟 가지 성격장애 중 하나 이상과 부분 중첩되어 있음이 밝혀졌다(Millon et al., 2012). 예를 들어, 경계성 성격은 수동공격성 패턴이 가장 일반적이면서 연극성, 의존성 또는 수동공격성 패턴과 부분 중첩된다. 편집성 성격은 반사회성 패턴이 가장 일반적이면서 반사회성, 자기애성 또는 강박성 패턴과 부분 중첩된다.

반사회성 패턴과 조현성 패턴은 상담 현장에서 상대적으로 드물기 때문에, 이 장에서는 자세히 설명하지 않겠다. 〈표 2-1〉에서 이 둘은 명조체로 표기되어 있다. 〈표 2-1〉에 있는 다른 여덟 가지 패턴은 이 장에서 자세히 다룰 것이다. 〈표 2-2〉에 여덟 가지 패턴에 대한 개괄적인 요약을 제시했다.

임상 전략

우리가 패턴을 식별하고 구별하기 위해 자주 사용하는 임상 전략이 여기에 제시되어 있다(Sperry, 2011; Sperry & Sperry, 2020). 우리는 관찰과 집중 질문을 통해 움직임 유형과 활동 수준의 지표를 찾는다. 예를 들어, 내담자의 호소와 임상 병력이 관심을 끌기 위해 적극적인 방식으로 타인에게 다가가는 특징이 있다면 연극성 패턴일 가능성이 높은 반면, 움직임은 동일하지만 활동 수준이 수동적이

표 2-2 부적응 패턴에 대한 개괄적 설명

회피성	타인에게서 고립되거나 단절됨으로써 안전감을 느끼고, 위해를 피하기 위해 적극적으로 타인에게서 물러서는 부적응 패턴
경계성	거절을 피하기 위해 양가적으로 움직이면서도 무리한 친밀감을 요구하여 타인을 멀어지게 하는 부적응 패턴
의존성	도움을 얻기 위해 타인의 욕구를 충족시키고 지분을 맞추면서 타인에게 수동적으로 다가가지만, 자신의 욕구는 충족하지 못하는 부적응 패턴
연극성	관심을 끌기 위해 적극적으로 타인에게 다가가지만 비싼 대가를 치르거나 타협하는 부적응 패턴
자기애성	타인을 이용하거나 얕봄으로써 자신은 높여 특별 대우를 받으려고 타인에게 대항하는 부적응 패턴
강박성	지나치게 양심적이고 완벽주의적이지만 감정적으로는 거리를 둠으로써 강박적인 타인에게 적극적이면서도 양가적으로 다가가는 부적응 패턴
편집성	위해를 예상하고 타인이 위해를 가할 거라고 생각하면 보복함으로써 타인에게 적극적으로 대항하는 부적응 패턴
수동공격성	공격적인 타인에게 수동적이면서도 양가적으로 다가가지만, 간접적인 공격적 행동으로 타인의 요구에 선제적으로 저항하는 부적응 패턴

라면 의존성 패턴일 가능성이 더 높다. 우리의 교육과정과 워크숍에 참여한 수련생과 경험 있는 상담자들은 이런 전략이 정확한 패턴을 더 쉽게 탐색하는 데 도움이 된다고 생각한다. 또 이런 전략은 효과적인 치료적 동맹을 맺고 유지할 때 일어날 수 있는 도전과제를 인식하고 예측하는 데 도움이 되며, 상담 과정의 다른 지점에 있는 잠재적인 장애요인과 도움이 되는 요인을 인식하는 데도 도움이 된다.

패턴 프로파일

이 절에서는 여덟 가지의 일반적인 패턴, 즉 회피성, 경계성, 의존성, 연극성, 자기애성, 강박성, 편집성, 수동공격성 패턴에 초점을 두고자 한다. 먼저, 각 패턴의 특징적인 행동, 독특한 태도, 증상 및 관계 행동을 개략적으로 설명할 것이다. 다음으로, 패턴이 형성되는 방식에 대해 논의하고, 각 패턴이 형성되는 데 영향을 미치는 개인적 요인과 가족 요인을 살펴볼 것이다. 개인적 요인에는 기질과 기타 생리적 요인뿐만 아니라 특징적인 자기-타인 도식이 포함된다. 가족 요인에는 양육 방식과 부모의 금지명령이 포함된다. 특정 패턴을 계속 유지시키는 요인들에 대해 간략히 알아본 후 각 패턴의 부적응 유형과 적응적 유형, 특징적인 촉발요인 또는 촉발사건에 대한 간단한 설명과 표가 제시될 것이다. 마지막으로, 각 패턴의 고유한 치료적 도전과제와 행동지표가 표로 제시될 것이다. 이러한 논의는 우리 사례개념화 접근법의 독특한 점이며, 이 책에서 임상적으로 가장 가치 있는 부분일 것이다.

회피성 패턴

패턴 설명

이 패턴을 가진 사람들은 친절하고 협조적이지만 사회적으로 불편해하며 비난과 거절에 민감하다. 새로운 사회적 접촉의 가능성은 굴욕에 대한 두려움을 불러일으킬 수 있다. 이를 예상하여 비난을 받거나 당황할 수 있는 상황을 피한다. 따라서 이 사람들은 안전감을 위협하는 대부분의 새로운 사회적 관계와 직업적 관계를 거부할 수 있다. 그럼에도 이들은 관계 맺기를 원하며, 종종 믿을 수 있고 안전하다고 느끼는 친한 친구가 적어도 한두 명은 있다. 어떤 사람은 '가상'의 관계가 훨씬 안전하다고 생각해서 사랑 이야기가 담긴 영화나 드라마를 보거나 로맨스 소설을 탐닉한다. 혹은 둘 다 한다.

패턴 형성 및 유지

이 패턴은 타인에게서 적극적으로 물러서는 움직임이 특징이다. 이 패턴의 사람들은 유아기에 매우 예민하고, 지나치게 불안해하며, 두려움을 느꼈을 가능성이 높으며 '느린 아이' 기질을 나타냈을 것이다. 이들은 종종 자기 자신을 무능하고 거절을 두려워하는 사람으로 생각하는 반면, 삶과 타인은 불공평하고, 거절하고, 비난하는 것으로 생각한다. 그럼에도 이 사람들은 마음속으로 신뢰할 수 있는 사람이 자신을 받아들여 주고 돌봐 주기를 바란다. 따라서 이들의 기본 전략은 관심은 두되 경계하고 안심시켜 주기를 요구하는 것이고, 이 전략이 효과가 없으면 삶에 대한 환상을 갖거나 백일몽을 꾼다. 사실, 환상은 이 패턴을 가진 일부 사람에게는 생존 전략인데, 이들은 로맨스 소설, 연속극, 인터넷을 통한 가상의 안전한 관계에 끌리기 때문이다.

또한 이 패턴을 가진 사람들은 부모의 비난과 거절을 경험했을 가능성이 높다. 형제자매와 또래들도 이들을 조롱하고 괴롭혔을 수 있다. 이들이 부모로부터 받는 무언의 명확한 메시지는 이들이 하는 일이 무엇이든 부모나 다른 누구에게도 용인되지 않는다는 것이다. 당연히 이들의 가족은 보통 모든 가족 구성원에게 높은 기준을 가지고 있고, 그 기준을 충족시키지 못한 사람은 부모에게 부당한 대우를 받는다. 이 패턴은 개인적 요인과 관계적 요인 둘 다에 의해 형성되고, 강화되고, 유지된다. 즉, 개인적인 무능감과 거절에 대한 두려움이 지나친 경계로 이어지고, 이는 이들에게 잠재적인 위협이 되는 가족, 또래, 타인들에게서 고립되어 제한된 사회적 경험으로 이어진다. 이러한 경험은 흑백논리적 사고와 더 많은 과민성과 과잉 경계심으로 이어지며, 상담에서 호소하는 문제인 자기 연민, 불안 또는 우울을 초래할 수 있다(Sperry, 2016). 이것이 회피성 패턴이 형성되고 유지되는 방식이다.

패턴 유형과 촉발사건

회피성 패턴은 건강한 쪽의 끝에는 적응적 패턴이 있고, 병리적인 쪽의 끝에는 부적응 패턴이 있는 연속선으로 생각할 수 있다. 개인의 패턴에는 일정한 독특함이 있지만, 보통 다음과 같은 주제를 반영하고 있다. 부적응 회피성 패턴의 기본 주제는 안전감을 유지하고 비난이나 거절을 피하기 위해 타인에게서 물러서는 것이다. 회피적인 사람들이 상담목표인 보다 적응적인 패턴으로 변화하게 되면, 비난과 거절의 잠재적인 가능성에도 불구하고 자신감과 회복력을 유지하면서 조심스럽게 타인을 향해 다가갈 수 있게 된다. 이들은 배려하지 않고 믿음을 보여 주지 않는 사람들에게는 여전히 유보적인 태도와 '안전한 거리'를 유지한다. 그럼에도 불구하고 이들은 연민과 존중으로 타인과 기꺼이 관계를 맺으려고 한다.

▶ **회피성 패턴**

패턴 촉발사건	친밀한 관계, 공개석상에서의 모습, 새로운 사회적 접촉 또는 직장에서의 접촉
부적응 패턴	타인이 위협이 될 것으로 예상될 때 안전하다고 느끼기 위해 회피하거나 단절함
적응적 패턴	안전감을 느끼고 상당히 믿을 만한 타인과는 관계를 맺을 수 있음

회피성 패턴의 치료적 도전과제

상담 과정에서 발생할 수 있는 도전과제를 예상하고 예측하는 것은 도전과제를 선제적으로 예방하거나 도전과제가 발생했을 때 효과적으로 다루는 데 있어 매우 중요하다. 상담 과정에서 가장 일반적인 도전과제는 참여, 전이, 역전이, 상담의 진전이나 퇴행, 종결이다. 다음의 표는 우리의 임상경험과 슈퍼비전 경험을 바탕으로 이 패턴에 대한 가장 가능성이 큰 지표를 요약한 것이다.

▶ **치료적 도전과제와 행동지표**

참여	'시험하는' 행동(예: 약속을 바꾸거나 지각하기), 비난받는 것에 대한 두려움, 자기노출의 어려움, 조기종결
전이	상담자의 신뢰성을 '시험하기', 신뢰가 생기면 상담자에게 지나치게 의존
역전이	좌절과 무력감, 내담자에 대한 비현실적인 치료적 기대
상담 과정	주변의 타인들이 안전하다고 느낄 때까지는 진전을 이루는 것을 두려워함, 상당히 안전하다는 확신이 들기 전에는 집단상담에의 참여를 거부할 수 있음
종결	앞으로 있을 종결에 대한 불안과 양가감정

경계성 패턴

패턴 설명

이 패턴을 가진 사람은 보통 강렬하고 혼란스러운 관계를 경험한다. 이런 관계는 종종 높은 기대를 가지고 시작하지만, 쉽게 성가신 갈등과 실망으로 악화된다. 이 패턴을 가진 사람들은 버림받는 것에 대한 두려움 때문에 비현실적인 요구, 끊임없는 분노, 거절당할 것이라는 기대로 타인을 떠나게 할 가능성이 있다. 이들은 파괴적이고 만족스럽지 않은 관계를 맺을 뿐만 아니라 자신감과 안정된 자아감이 부족할 수 있다. 어떤 사람은 공격적인 성적이고 충동적인 행동을 보일 수 있다. 이 패턴의 강도가 중년기에 완화될 수 있다는 점은 주목할 만하다.

패턴 형성 및 유지

이 패턴은 일반적으로 적극적이지만 양가적인 움직임이 특징이다. 이 패턴을 가진 사람들은 유아기에 과민 반응 기질을 보였을 가능성이 높다. 이들은 지나치게 활동적인 자율 신경계 때문에 사소한 자극에도 강렬한 정서적 반응을 경험할 수 있다. 이들은 자기 자신의 정체성과 미래를 불확실하다고 생각하고, 타인은 신뢰할 수 없고 세상은 유동적이라고 생각하는 경향이 있다. 때로는 타인이 좋았다가도 다음 순간엔 그렇지 않을 수 있다. 목표를 갖는 것이 지금은 좋아 보여도 나중에는 아닌 것 같고, 삶이 이들 뜻대로 되지 않으면 그것을 참지 못할 수도 있다. 당연히 이들은 약속을 하지 않거나 지키지 않고, 선택지를 열어 두고, 사고와 감정이 머뭇거리는 전략을 쓰는데, 특히 위협을 감지할 때 그렇다. 이들은 충분한 감정 조절 능력을 발달시키지 못했기 때문에 자기 자신과 타인에 대해 강한 정서와 강력한 부정적 신념에 휘둘린다.

이들의 부모는 양육에 일관성이 없었을 것이다. 때로는 과잉보호하면서 억누르고, 타인에게는 감정적으로 거리를 두었을 것이다. 부모는 자녀의 강렬한 감정을 다루는 것에 좌절하고 지쳐서 이것이 일관성 없는 양육으로 이어졌을 수 있다. 이런 비일관성은 자녀의 성장과 독립의 결과로 부모 모두나 한쪽 부모에게 나쁜 일이 일어날 거라는 부모의 무언의 명확한 메시지에 의해 더욱 악화된다. 더 주목할 점은 부모가 제공하는 무효화 환경이다. 연구에 따르면 이런 부모들은 종종 극심한 자녀의 정서적 고통을 인정하거나 동의하여 진정시키는 대신 자녀의 반응을 벌주거나 하찮게 여기는 경향이 있다(Linehan, 2015). 이런 경계성 패턴은 개인적 요인과 관계적 요인 둘 다에 의해 형성되고, 강화되고, 유지된다. 강렬한 감정적 반응, 부적절한 정서 조절 기술, 자신과 타인에 대한 불안정한 신념, 그리고 무효화하는 양육 환경의 조합은 이들을 효과적으로 대처할 수 없는 끊임없는 위기에 빠지도록 만든다. 이것이 경계성 패턴이 형성되고 유지되는 방식이다.

패턴 유형과 촉발사건

경계성 패턴은 건강한 쪽의 끝에는 적응적 패턴이 있고, 병리적인 쪽의 끝에는 부적응 패턴이 있는 연속선으로 생각할 수 있다. 개인의 패턴에는 일정한 독특함이 있지만, 보통 다음과 같은 주제를 반영하고 있다. 적응적 패턴을 가진 사람은 자신의 감정과 내적 충동에 더 성찰적이고 편안해한다. 이들은 원치 않는 감정이나 이들이 불편하게 여기는 다른 내적 자극이나 외적 자극을 경험할지라도 독립적으로 기능할 수 있다. 타인과 관계를 맺는 것은 이들에게 쉬우면서도 힘겨운 일이고, 그 과정에서 상처를 받거나 거절당하더라도 다시 균형을 잡는다. 이것은 이들이 또래나 친밀한 관계를 맺는 초기에 자신에 대해 너무 많이 공유할 때 특히 그렇다. 반면 더 부적응 패턴을 가진 사람은 실제 또는 상상의 거절을 피하려는 경향이 있고, '너무 지나친' 또는 '너무 강렬한' 행동을 해서 극단적이거나 광란적인 특징을 보인다. 예를 들어, 이런 패턴을 가진 내담자는 이들에게 중요한 타인이 멀어지거나 거리를 두면 자살이나 심각한 상해로 위협할 수 있다. 마지막으로, 이 부적응 패턴은 보통 다가가기/물러서기, 다가가기/대항하기 또는 물러서기/대항하기의 양가적인 특징이 있다. 따라서 이 패턴을 가진 사람은 자신감과 보살핌을 느끼면 타인에게 다가가지만, 무시당했다고 느끼면 대항한다. 대항하는 움직임은 모욕, 조종이나 수동공격 등 다양하다.

▶ 경계성 패턴

패턴 촉발사건	개인의 목표를 달성하고 친밀한 관계를 유지하기를 기대함
부적응 패턴	비현실적인 친밀감을 요구하여 타인을 떠나게 함
적응적 패턴	감정 조절이 잘 되고 친밀함에 대해 현실적인 기대를 함

경계성 패턴의 치료적 도전과제

상담 과정에서 발생할 수 있는 도전과제를 예상하고 예측하는 것은 도전과제를 선제적으로 예방하거나 도전과제가 발생했을 때 효과적으로 다루는 데 있어 매우 중요하다. 상담 과정에서 가장 일반적인 도전과제는 참여, 전이, 역전이, 상담의 진전이나 퇴행, 종결이다. 다음의 표는 우리의 임상경험과 슈퍼비전 경험을 바탕으로 이 패턴에 대한 가장 가능성이 큰 지표를 요약한 것이다.

▶ 치료적 도전과제와 행동지표

참여	상담자를 도움을 주고 협력적인 사람으로 생각하는 데 있어 양가적임
전이	상담자에 대한 이상화와 폄하를 번갈아 함, 융합 환상
역전이	분노, 구원의 환상
상담 과정	상담을 필요한 변화를 이루기 위한 방법이 아니라 기분을 좋게 하는 방법으로 생각함
종결	버림받는 것에 대한 두려움, 재발 가능성

의존성 패턴

패턴 설명

이 수동적 패턴을 가진 사람들은 이들이 교육을 잘 받았어도 무능하고 나약하거나 배움이 부족한 사람 같은 인상을 준다. 이들은 자신을 돌볼 수도 없고, 도움 없이는 혼자 결정을 내리지도 못하며, 혼자 있지도 못한다고 믿는다. 이들의 결핍은 인정과 보살핌을 얻기 위해 타인에게 순종하고 복종하는 결과로 이어진다. 이들은 타인의 기분을 맞추고 타인의 요구와 관점을 자신의 것보다 우선시하는 경향이 있다. 결과적으로, 이들은 타인이 자신을 돌보고 보살피도록 하기 위해 무엇이든 한다. 그 대가로 이들은 애정, 수용, 선택에 대한 도움과 삶에서의 안정감과 방향성을 받고자 한다.

패턴 형성 및 유지

이 패턴은 보통 타인을 향한 수동적인 움직임이 특징이다. 이 패턴을 가진 사람들은 유아기에 사람에게 매달리고 우울한 기질을 보였을 가능성이 높다. 이는 두려움, 슬픔 또는 철회와 함께 에너지 수준이 낮음을 시사한다. 이들은 스스로를 착하지만 무능하거나 나약하다고 생각하며, 그 결과 자신을 낮추고, 자신을 의심하거나 무능한 사람이라는 인상을 준다. 이들은 보통 결정을 내리지 못하고 보호를 받아야 한다고 느끼기 때문에 타인을 자신을 돌보기 위해 필요한 사람으로 보는 경향이 있다. 이들의 기본 전략은 어떤 대가를 치르더라도 타인에게 의존하는 것이다. 타인이 이들을 보살피는 데 너무 많은 책임을 지기 때문에, 이들은 주장, 의사결정, 갈등 해결과 협상 같은 필요한 관계 기술을 충분하게 개발하지 못한다.

의존성 패턴을 가진 사람은 부모의 과잉보호를 받았을 가능성이 크다. 이들이 부모로부터 받는 무언의 명확한 메시지는 이들이 일을 제대로 못하거나 잘하지 못하기 때문에 반드시 보살핌을 받아야 한다는 것이다. 마찬가지로 형제자매와 또래들은 종종 이들이 매력 없고, 어색하며, 무능하다는 감정을 불러일으켜서 이들의 자기비하와 자기의심을 확인시켜 주는 역할을 한다. 이런 의존성 패턴은 개인적 요인과 관계적 요인 둘 다에 의해 형성되고, 강화되고, 유지된다. 의존적인 사람은 자기의심과 제한된 대처 기술로 경쟁적이고 독립적인 활동을 피하며, 자기희생적이고 유순한 우정의 대가로 기꺼이 이들을 보살펴 주고 결정을 내려 주는 독립적인 사람에게 끌린다(Sperry, 2016). 이것이 의존성 패턴이 형성되고 유지되는 방식이다.

패턴 유형과 촉발사건

의존성 패턴은 건강한 쪽의 끝에는 적응적 패턴이 있고, 병리적인 쪽의 끝에는 부적응 패턴이 있는 연속선으로 생각할 수 있다. 개인의 패턴에는 일정한 독특함이 있지만, 보통 다음과 같은 주제를 반영하고 있다. 보다 적응적 패턴을 가진 사람은 결정을 내려야 할 때, 타인의 의견을 구하고 조언을 받지만 궁극적으로 자신의 고유한 가치관이나 상황을 바탕으로 결정한다. 이들은 타인의 요구와 자신의 요구 사이의 균형을 찾으려고 노력한다. 반면, 부적응 패턴을 가진 사람들은 의사결정에서 책임감과 독립성을 보일 가능성이 적으며, 대신 도움과 조언을 줄 타인을 찾아 의지한다. 예를 들어, 의존적인 사람들은 프로젝트를 수행하는 것, 책임을 맡는 것, 휴학을 할지 말지 결정하는 것과 같은 자신의 업무나 학업에 관련된 결정을 친밀한 파트너가 해 주기 바란다. 이들은 상황의 심각성이나 결정의 결과가 커지면 자립심이 훨씬 더 떨어지게 된다. 또한 이들은 끊임없이 타인의 요구를 자신의 것보다 우선시하고, 돌봄과 보살핌을 받기 위해 타인이 원하는 것은 무엇이든 한다.

▶ **의존성 패턴**

패턴 촉발사건	자립 또는 혼자 있고 싶은 욕구
부적응 패턴	타인의 기분을 맞추고 타인의 요구는 충족시키면서 자신의 요구는 충족하지 못함
적응적 패턴	타인의 기분을 맞추고 타인의 요구를 충족시키면서 자신의 요구도 충족함

의존성 패턴의 치료적 도전과제

상담 과정에서 발생할 수 있는 도전과제를 예상하고 예측하는 것은 도전과제를 선제적으로 예방하거나 도전과제가 발생했을 때 효과적으로 다루는 데 있어 매우 중요하다. 상담 과정에서 가장 일반적인 도전과제는 참여, 전이, 역전이, 상담의 진전이나 퇴행, 종결이다. 다음의 표는 우리의 임상경험과 슈퍼비전 경험을 바탕으로 이 패턴에 대한 가장 가능성이 큰 지표를 요약한 것이다.

▶ **치료적 도전과제와 행동지표**

참여	상담자에게 결정을 내리고 문제를 해결하라는 무언의 요구를 함, 협력하기보다는 따름
전이	매달리면서 저항하기, 다양한 요청, 상담자 이상화
역전이	구원의 환상, 지시적 역할, 제한된 진전을 직면하지 못함
상담 과정	증가하는 독립성과 적극성에 저항함
종결	역설적으로 진전이 되지 않아 상담자의 지지를 잃을까 봐 두려워함

연극성 패턴

패턴 설명

많은 사람이 연극성 패턴을 여성의 패턴으로 생각하지만, 이 패턴은 남성에게도 있다. 그러나 남성과 여성 모두에서 다르게 나타난다. 일반적으로 이 패턴을 가진 여성은 매력, 육체적 매력, 유혹을 사용하여 자신이 가장 원하는 것, 즉 관심의 중심이 되려고 한다. 성공하면 행복해하면서 그 순간을 만끽하고, 실패하면 주목을 받기 위해 계속 노력한다. 여성의 관계와 감정은 강렬하지만 얕고 오래 가지 못한다. 여성과 같이 남성도 관심을 갈망하지만 다른 방식으로 관심을 추구한다. 남성은 개인적이거나 직업적인 성공 또는 스포츠에서의 능력을 자랑할 가능성이 더 크다. 그러나 남성의 관심사와 태도는 타인의 영향을 쉽게 받는다. 상황과 타인이 그가 행하는 역할에 영향을 미친다. 친밀한 관계에서 강하게 다가오기도 하지만, 인정받지 못한다고 느끼면 뒤로 물러나거나 빠르게 식어버린다.

패턴 형성과 유지

이 패턴은 타인을 향한 적극적인 움직임이 특징이다. 이 패턴을 가진 사람들은 유아기에 높은 에너지 수준과 자율적인 반응성을 특징으로 하는 과민 반응 기질을 보였을 가능성이 높다. 일반적으로, 이들은 유아기와 초기 아동기에 정서적 불안정성과 반응성을 보인다. 이들은 타인의 관심을 끌기 위해 미소, 지속적인 눈 맞춤, 흥분, 귀여운 행동과 말을 사용한다. 연극성 패턴이 있는 사람들은 무능감을 보완하기 위해 자신을 관심, 흥분, 인정이 필요한 사람으로 여긴다. 이들은 삶이 자신의 노력으로는 감당할 수 없는 요구를 하기 때문에 세상과 타인은 이들에게 특별한 보살핌과 배려를 베풀어야 한다고 생각한다. 결과적으로 이들의 실제 자아와 공적 자아 사이에 분열이 생긴다. 따라서 이들의 기본 전략은 자신의 무능함이 드러나기 전까지 청중과 함께 놀고, 관심을 받고 즐기는 것이다.

연극성 패턴을 가진 사람들은 훈육을 거의 하지 않거나 일관성 없게 하면서 이들의 귀여운 행동을 즐기는 부모 밑에서 자랐을 가능성이 높다. 동시에, 부모로부터 받는 무언의 명확한 메시지는 부모가 원하는 것을 해야 관심을 받을 수 있다는 것이다. 연극성 패턴을 가진 사람들은 부모 중 한쪽이 조종적이거나 연극성이어서 이들의 관심 추구 행동을 강화했을 가능성이 크다. 연극성 패턴을 가진 사람들은 개인적 요인과 관계적 요인 둘 다에 의해 형성되고, 강화되고, 유지된다. 이 패턴을 가진 사람들의 흥분과 관심을 추구하는 욕구는 외부의 인정을 받기 위해 피상적인 매력이나 자랑으로 이어진다. 이는 이들의 무능감과 공적 자아에서 진짜 자아의 부정을 강화하며 그 순환은 계속된다(Sperry, 2016). 이것이 연극성 패턴이 형성되고 유지되는 방식이다.

패턴 유형과 촉발사건

이 연극성 패턴은 건강한 쪽의 끝에는 적응적 패턴이 있고, 병리적인 쪽의 끝에는 부적응 패턴이 있는 연속선으로 생각할 수 있다. 개인의 패턴에는 일정한 독특함이 있지만, 보통 다음과 같은 주제를 반영하고 있다. 적응적 패턴을 보이는 사람은 자신 안에서 사랑과 수용을 발견하고 호혜를 기대하지 않고 이타주의를 실천한다는 점에서 구별된다. 이들은 부정적인 관심을 얻기 위해 행동하지 않으며 긍정적인 관심을 즐기고 타인과 관심을 공유한다. 일반적으로 이들은 적절하게 행동하고 만족을 지연시킬 수 있다. 반면, 부적응 패턴을 가진 사람은 자신이 관심의 중심이 되지 못하는 상황에서는 극도의 불편함으로 반응할 가능성이 크다. 이들은 집단이나 선망하는 사람이 자신이 마땅히 받아야 한다고 여기는 관심을 주지 않는 상황에 놓이면 (자신과 타인을 향해) 유혹적, 조종적 또는 공격적인 행동을 통해 부적절하게 행동할 수 있다.

▶ **연극성 패턴**

패턴 촉발사건	타인의 관심을 받지 못하거나 관심의 중심이 되지 못함
부적응 패턴	관심을 받지만 비싼 대가를 치르거나 가치를 느끼기 위해 타협함
적응적 패턴	합리적인 방식으로 관심을 받고 가치를 느낌

연극성 패턴의 치료적 도전과제

상담 과정에서 발생할 수 있는 도전과제를 예상하고 예측하는 것은 도전과제를 선제적으로 예방하거나 도전과제가 발생했을 때 효과적으로 다루는 데 있어 매우 중요하다. 상담 과정에서 가장 일반적인 도전과제는 참여, 전이, 역전이, 상담의 진전이나 퇴행, 종결이다. 다음의 표는 우리의 임상경험과 슈퍼비전 경험을 바탕으로 이 패턴에 대한 가장 가능성이 큰 지표를 요약한 것이다.

▶ **치료적 도전과제 및 행동지표**

참여	치료적 동맹을 신속하게 맺음. 상담자가 직관적으로 이들을 이해한다고 믿기 때문에 고통스러운 자료를 노출할 필요가 없다고 생각함
전이	구조되는 환상, 성적인 전이
역전이	구원자 또는 구조자 역할, 냉담, 불안, 착취
상담 과정	평범해지는 것에 저항함
종결	지속적인 관계에 대한 환상, 종결에 대한 두려움

자기애성 패턴

패턴 설명

이 패턴을 가진 사람들은 특별하고 우월하다는 인상을 준다. 이들의 특권의식과 자존감은 타인의 요구, 문제 또는 감정에 대한 모든 관심사보다 더 중요하다. 이들은 타인이 어느 정도 존경과 경의를 표하기를 기대하며, 마땅히 그래야 한다고 생각한다. 이들은 타인이 불가능할 정도로 비현실적인 기대에 부응하지 못하면, 마땅히 받아야 할 대우를 받지 못했다고 여겨 깊은 실망감과 분노를 경험한다. 이런 내용은 DSM-5(APA, 2013)에 기술된 '전형적' 유형에 해당되는데, 이와 달리 '비전형' 유형은 이들이 특권이 있고 대단하다고 생각하지만 전형적 유형만큼 직접적으로 드러내지는 않는다. 그러나 이런 비전형 유형의 사람들은 이들이 예전에 이상화했을 수 있는 전형적 유형의 자기애자를 포함한 타인에게 부러움과 분노를 경험하기도 한다. 또 다른 유형인 '악의적인 자기애자'는 반사회적 행동, 편집증, 공격성, 가학성을 보인다. 이들은 만성적으로 거짓말을 하고 상담자를 통제하고 위협하면서 가학적인 즐거움을 느끼기 때문에 치료가 어렵다(Caligor et al., 2015).

패턴의 형성과 유지

이들은 타인에 대항하여 움직이는 경향이 있지만, 이 패턴의 활동 수준은 이들이 전형적 유형인지 비전형 유형인지에 따라 다소 다르다. 전형적 패턴을 가진 사람은 유아기에 과민 반응 기질을 보였을 가능성이 높다. 이들은 아동기에 특별해 보이는데 학업, 스포츠 혹은 음악적 능력 면에서 매력적이거나 재능을 보이기 때문이다. 이들은 종종 일찍부터 뛰어난 언어 발달을 보이고, 대인관계의 단서를 예리하게 알아챈다. 이들은 자신이 특별하고, 독특하고, 타인보다 우월하며, 자신이 얻었든 얻지 못했든 권리와 특권을 누릴 자격이 있다고 생각한다. 이들은 자신이 삶과 삶의 혜택을 마음껏

누릴 수 있으며, 타인은 마땅히 자신을 존경하고 특혜를 주어야 한다는 세계관을 가지고 있다. 따라서 이들의 기본 전략은 이런 특별함을 기대하고 요구하는 것이다. 그러나 비전형 패턴을 가진 사람은 더 온건한 기질을 보일 가능성이 높으며, 이들의 재능은 전형적 패턴을 가진 사람만큼 뚜렷하지 않다.

어떤 부모는 자녀에게 강습을 받도록 하고 지역이나 광역 또는 전국 대회에 참가시켜 자녀의 특별함을 선보이고 홍보한다. 부모는 포상을 받거나 자녀의 대중적 인지도를 높이기 위해 혹은 그 둘 다를 위해 이렇게 한다. 이들이 부모로부터 받는 무언의 명확한 메시지는 성장함에 따라 많은 것을 성취하고 부모를 위해 훌륭해져야 한다는 것이다. 이 패턴을 가진 사람은 외동이거나 아동기에 일찍 상실을 경험했을 수 있다. 어린 시절부터 이들은 부모에게서 착취적이고 조종적인 행동을 배웠을 것이다. 이 자기애성 패턴은 개인적 요인과 관계적 요인 둘 다에 의해 형성되고, 강화되고, 유지된다. 그들이 갖고 있는 특권의식에 더해 특별함과 우월함에 대한 환상, 타인의 견해를 무시하는 것은 사회적 책임감을 발달시키지 못하는 것으로 이어진다. 따라서 이는 자아 도취를 증가시키고 자기와 세계에 대한 자기애적 신념을 더욱 확고히 하는 결과를 초래한다(Sperry, 2016). 이것이 자기애성 패턴이 형성되고 유지되는 방식이다.

패턴 유형과 촉발사건

자기애성 패턴은 건강한 쪽의 끝에는 적응적 패턴이 있고, 병리적인 쪽의 끝에는 부적응 패턴이 있는 연속선으로 생각할 수 있다. 개인의 패턴에는 일정한 독특함이 있지만, 보통 다음과 같은 주제를 반영하고 있다. 좀 더 적응적 패턴을 가진 사람은 부적응 패턴을 가진 사람만큼 활기차고 자신감 있지만 특권과 특별한 대우를 요구할 가능성은 적다. 이들은 비판적인 피드백에 다소 민감할 수 있지만, 이런 피드백에 대한 반응은 자주 나타나지 않으며 온건하다. 반면, 부적응 패턴을 가진 사람은 거대한 자아감를 보이며 그들이 받아야 할 것 이상의 특권을 요구한다. 이들은 타인을 착취하며, 이들의 까다로운 특성은 언어적 공격에서 신체적 폭력에 이르기까지 다양하다. 이는 특히 자신을 무시한다고 인식하거나 강제적으로 평가받는다고 여길 때 두드러진다.

▶ **자기애성 패턴**

패턴 촉발사건	자기에 대한 평가
부적응 패턴	타인을 이용하거나 비하하면서 자기를 높임
적응적 패턴	자신감을 유지하면서 타인을 존중함

자기애성 패턴의 치료적 도전과제

상담 과정에서 발생할 수 있는 도전과제를 예상하고 예측하는 것은 도전과제를 선제적으로 예방하거나 도전과제가 발생했을 때 효과적으로 다루는 데 있어 매우 중요하다. 상담 과정에서 가장 일반적인 도전과제는 참여, 전이, 역전이, 상담의 진전이나 퇴행, 종결이다. 다음의 표는 우리의 임상경험과 슈퍼비전 경험을 바탕으로 이 패턴에 대한 가장 가능성이 큰 지표를 요약한 것이다.

▶ **치료적 도전과제 및 행동지표**

참여	알아서 특별 대우해 줄 것을 요구함. 쉽게 자아도취에 빠져 상처를 받음
전이	타인을 이상화하거나 폄하함. 투사적 동일시
역전이	상담자 자신의 자기애적 욕구를 인식하지 못함. 지루함, 통제받는 느낌, 분노, 상처 받음, 무력감
상담 과정	특별함과 특권을 포기하는 것의 어려움
종결	조기종결

강박성 패턴

패턴 설명

이 패턴을 가진 사람은 삶이 질서 정연하고 예측 가능하며 올바르기를 원하는 완벽주의자와 만사를 자기 뜻대로 하려는 사람이라는 인상을 준다. 따라서 이들은 타인이 일을 완벽하게 수행하지 못할 수도 있기 때문에 타인에게 일을 위임하려 하지 않는다. 이들의 삶은 규칙, 경직된 일상과 일정에 의해 통제된다. 일에 대한 변함없는 관심 때문에, 이들은 휴식, 취미 또는 의미 있는 관계를 위해 쓸 시간이 없다. 대신 이들은 시간, 돈, 애정을 아껴 쓴다. 이들은 기대에 따라 타인에게 다가갈 수도 있고 대항할 수도 있는데, 종종 타인에게 높은 기대를 한다. 또한 이들은 가혹한 요구와 자기평가로 스스로에게 대항하기도 한다.

패턴 형성과 유지

이 패턴은 적극적이고 양가적인 움직임이 특징이다. 이 패턴을 가진 사람은 유아기에 과민 반응을 보이거나 때로는 무감각한 기질을 보였을 가능성이 높다. 맏이들은 다른 형제자매들보다 강박적인 패턴을 보이는 경향이 더 많은 것으로 관찰되었다. 이들은 스스로를 믿을 만하고 유능하고 정의롭다고 생각하며, 무엇이든 잘못되면 자신이 책임을 져야 한다고 생각한다. 이들은 세상과 삶을 예측할 수 없고, 불공평하고, 지나친 요구를 하는 것으로 생각하며, 타인은 믿을 수 없다고 생각한다. 당연히 이들의 기본 전략은 통제하고, 올발라야 하며, 똑바로 행동하는 것이다.

이들의 부모는 일관되면서도 과도하게 통제적이었을 가능성이 높다. 이 패턴을 가진 사람은 자신의 행동에 대해 지나치게 책임감을 갖도록 교육받고, 순종하지 않거나 성취를 지향하지 않거나 도덕적으로 정의롭지 않으면 죄책감을 느끼고 무가치하다고 느끼도록 교육받는다. 이들이 부모로부터 받는 무언의 명확한 메시지는 가치 있는 사람이 되기 위해 끊임없이 노력하고, 점점 더 잘해야 한다는 것이다. 이런 강박성 패턴은 개인적 요인과 관계적 요인 둘 다에 의해 형성되고, 강화되고, 유지된다. 성취에 대한 매우 높은 기대와 자기비판적인 성향에 따른 경직된 행동과 신념은 일반적으로 허용되는 사회적 행동이나 직업적 행동 대신 규칙에 기반한 행동으로 이어진다. 이는 다시 이 패턴과 관련된 경직되고 바른 신념과 행동을 재형성한다(Sperry, 2016). 이것이 강박성 패턴이 형성되고 유지되는 방식이다.

패턴 유형과 촉발사건

강박성 패턴은 건강한 쪽의 끝에는 적응적 패턴이 있고, 병리적인 쪽의 끝에는 부적응 패턴이 있는 연속선으로 생각할 수 있다. 개인의 패턴에는 일정한 독특함이 있지만, 보통 다음과 같은 주제를 반영하고 있다. 좀 더 적응적 패턴을 가진 사람은 꽤 양심적이고 자발적인 경향이 있다. 이들은 업무와 대인관계에서 완벽주의와 경직됨을 덜 보인다. 그러나 부적응 패턴을 가진 사람은 완벽주의를 드러내고, 직장, 학교 및 공동체에서 과업과 목표에 방해가 되는 감정을 회피할 가능성이 있다. 게다가 이들의 지나치게 경직된 사고, 태도, 비관적인 성향은 대인관계에서 많은 문제를 일으킨다.

▶ 강박성 패턴

패턴 촉발사건	권한 문제, 구조화되지 않은 상황, 친밀한 관계
부적응 패턴	감정적으로 거리를 두면서도 지나치게 양심적이고 완벽주의적임
적응적 패턴	어느 정도 정서적 친밀감을 경험하면서 상당히 양심적임

강박성 패턴의 치료적 도전과제

상담 과정에서 발생할 수 있는 도전과제를 예상하고 예측하는 것은 도전과제를 선제적으로 예방하거나 도전과제가 발생했을 때 효과적으로 다루는 데 있어 매우 중요하다. 상담 과정에서 가장 일반적인 도전과제는 참여, 전이, 역전이, 상담의 진전이나 퇴행, 종결이다. 다음의 표는 우리의 임상경험과 슈퍼비전 경험을 바탕으로 이 패턴에 대한 가장 가능성이 큰 지표를 요약한 것이다.

▶ 치료적 도전과제와 행동지표

참여	회기 중이나 회기 사이에 잘 따르려는 것처럼 보이지만 양가적임
전이	강박적인 횡설수설, 상담자를 무시함
역전이	이탈, 고립된 정서, 분노, 내담자의 방어와 결탁
상담 과정	'부드러운' 감정에 대해 강경하게 저항함
종결	종결에 대한 양가성

편집성 패턴

패턴 설명

이 패턴을 가진 사람은 경계심과 의심이 많고, 복수심이 강하다는 인상을 준다. 이들은 원한을 품고 사소한 것도 좀처럼 잊지 않는다. 또한 세상은 위험하고 타인, 심지어 그들과 가장 가까운 사람조차도 신뢰할 수 없다고 믿으며 성장한다. 따라서 누군가 자신을 놀리거나 이용하지 않는지 끊임없이 확인한다. 이들은 자신이 생각하고 느끼는 것이 자신에게 불리하게 이용될 수 있다고 확신하기 때문에 친구와 연인에게 자신의 생각이나 감정을 이야기하는 것을 꺼린다. 이런 거부감은 효과적인 치료적 관계를 발전시키는 데 문제가 될 수 있다.

패턴 형성과 유지

이 패턴의 특징은 타인에게 적극적으로 대항하는 움직임이다. 이 패턴을 가진 사람은 유아기에 전형적으로 과민 반응 기질을 보인다. 이런 기질은 가혹한 훈육과 더불어 그들의 충동성과 공격성에 영향을 미친다. 이들은 스스로를 특별하고, 호감을 받지 못하며, 타인과는 다르다고 여긴다. 이들은 전형적으로 세상과 타인을 불공평하고 비판적이고 요구가 많고 예측할 수 없으며, 전혀 예상하지 못할 때 잠재적으로 위험하다고 여긴다. 이들은 특별하다는 것과 타인에게 호감을 받지 못한다는 것 사이의 명백한 모순을 이해하기 위해 자신이 타인보다 더 낫다고 생각한다. 이러한 잘못된 해석은 타인이 이들을 질투하고 나쁘게 대하는 이유를 설명한다. 이 패턴을 가진 사람의 기본 전략은 경계하고, 아무도 믿지 않으며, 반격하고, 어떤 실패든 남 탓을 하는 것이다.

편집성 패턴을 가진 사람의 부모는 자녀에게 경계와 특별함에 대한 훈육을 시키는 완벽주의적이고 비판적인 부모인 경우가 많다. 부모가 전하는 무언의 명확한 메시지는 그들이 남들과 다르며 실수하지 않도록 주의해야 한다는 것이다. 이런 훈육은 편집성 패턴을 가진 사람의 불안을 줄이고, 어느 정도 자아와 소속감을 발달시킨다. 또한 우월감과 사회적 고립의 태도와 지나치게 경계하는 행동을 조장한다. 이 편집성 패턴은 개인적 요인과 관계적 요인 둘 다에 의해 형성되어, 강화되고, 유지된다. 특별함, 경직성, 남 탓, 타인의 동기에 대한 오해는 사회적 소외와 고립으로 이어지고, 더 나아가 자신과 삶에 대한 박해적 관점을 형성한다. 이것이 편집증 패턴이 형성되고 유지되는 방식이다.

패턴 유형과 촉발사건

편집성 패턴은 건강한 쪽의 끝에는 적응적 패턴이 있고, 병리적인 쪽의 끝에는 부적응 패턴이 있는 연속선으로 생각할 수 있다. 개인의 패턴에는 일정한 독특함이 있지만, 보통 다음과 같은 주제를 반영하고 있다. 좀 더 적응적 패턴을 가진 사람은 관찰력과 분별력을 유지한다. 이들은 세심한 주의를 기울이면 문제에서 벗어날 수 있고, 극단적인 의심이 사실이 아니라는 증거나 철회하는 증거를 유연하게 통합할 수 있다. 이들은 공격이나 폭력에 의지하지 않고 통제력을 잃지 않으면서 스스로를 방어할 수 있다.

반면, 부적응 패턴을 가진 사람은 민감하고 예민하다. 이들은 건설적 또는 비판적인 사소한 피드백에도 쉽게 상처받는다. 어떤 사람들은 타인이 자신을 이용하고 있다고 믿고 과잉 인식을 보이기도

한다. 위해, 배신 또는 기만에 대한 사소한 위협은 비난, 거부, 공격적인 행동으로 이어질 수 있다.

▶ **편집성 패턴**

패턴 촉발사건	친밀한 대인 관계 또는 개인적인 의문
부적응 패턴	상황을 파악하고 타인으로부터의 피해를 예상함
적응적 패턴	상황을 파악하고 타인과 관계를 맺을 때 신중함

편집성 패턴의 치료적 과제

상담 과정에서 발생할 수 있는 도전과제를 예상하고 예측하는 것은 도전과제를 선제적으로 예방하거나 도전과제가 발생했을 때 효과적으로 다루는 데 있어 매우 중요하다. 상담 과정에서 가장 일반적인 도전과제는 참여, 전이, 역전이, 상담의 진전이나 퇴행, 종결이다. 다음의 표는 우리의 임상경험과 슈퍼비전 경험을 바탕으로 이 패턴에 대한 가장 가능성이 큰 지표를 요약한 것이다.

▶ **치료적 도전과제와 행동지표**

참여	불신, 고립감, 동맹과 신뢰 형성의 어려움
전이	비난, 부정, 평가절하, 공격적인 행동
역전이	비난받음, 인정받지 못함, 평가절하됨, 두려움, 화남, 원망스러움
상담 과정	신뢰 형성이 느리고 유지하기 어려움
종결	동맹 관계의 긴장 또는 파열, 조기종결, 너무 경계하여 이익을 얻지 못함

수동공격성 패턴

패턴 설명

이 패턴을 가진 사람은 일반적으로 타인의 요청이나 요구에 저항한다는 인상을 준다. 그런 저항은 일을 미루고, 작업을 비효율적으로 수행하고, 냉소적으로 행동하고, 타인을 비난하며, 불쾌해하거나 짜증을 내고, 인정받지 못하는 것에 대해 불평하는 것으로 나타난다. 기본적으로 이 패턴은 직접적인 공격 방식을 취하기보다 간접적인 공격으로 행동한다. 이 패턴을 가진 사람은 종종 그들이 하는 말과 행동이 연결되지 않는다. 이들의 행동은 가족, 친구, 동료를 화나게 만들지만, 이 패턴을 가진 사람은 자신의 수동적이고 공격적인 방식과 그런 방식이 타인에게 미치는 영향을 인식하지 못한다.

패턴 형성과 유지

이 패턴의 특징은 수동적이지만 때로는 적극적이고 양가적인 움직임이다. 이 패턴을 가진 사람은 유아기에 '까다로운 아이' 기질을 보였을 가능성이 높다. 이들은 아기 때 다른 패턴을 가진 사람들보다 더 오랫동안 배앓이를 경험한다. 당연히 아동기 · 청소년기에 이들의 행동은 정서적인 짜증을 내는 것이 특징이다. 이들은 스스로에 대해 어떤 때는 유능하지만 다른 때는 유능하지 않다고 모순적인 방식으로 생각한다. 이들은 삶과 세상을 불공평하고 예측할 수 없으며 무례하다고 생각하고, 타인은 항상 자신을 밀어내려는 존재로 여긴다. 당연히 이들의 기본 전략은 망설이고, 미루고, 반대하는 것인데, 이는 모든 것을 잃을 위험을 감수하는 것보다 버텨서 약간의 만족을 얻는 것이 낫기 때문이다.

이 패턴을 가진 사람은 종종 일관성 없는 양육방식을 경험한다. 이들이 부모에게서 받는 무언의 명확한 메시지는 모든 것이 언제나 그대로일 거라고 믿지 말라는 것이다. 예를 들어, 그들이 특정한 위반을 했을 경우에 어떤 때는 가혹한 벌을 받지만 어떤 때는 똑같이 위반을 했어도 벌을 받지 않는다. 가정의 규칙도 일관성이 없고 모순적이며, 이런 가정에서는 형제간 경쟁과 가족 분열도 많이 일어난다. 수동공격성 패턴을 가진 사람은 동생이 태어난 후 한쪽 부모나 부모 모두로부터 애정을 받지 못하는 경험을 하며, 이는 양가적인 감정과 행동으로 나타난다. 마찬가지로 가족 안에서 우유부단, 모순된 사고와 행동, 다른 형태의 양가감정을 배운다.

이런 수동공격성 패턴은 개인적 요인과 관계적 요인 둘 다에 의해 형성되고, 강화되고, 유지된다. 비일관성과 예측 불가능에 더해 모순된 평가에 대한 자기관이 우유부단과 양가감정을 초래한다. 이 양가적이고 모순적인 행동의 강화는 타인의 새로운 요구를 불러일으키고, 이는 더 많은 양가감정으로 이어져 결국 이 수동공격성 패턴을 더욱 강화한다(Sperry, 2016). 이것이 수동공격성 패턴이 형성되고 유지되는 방식이다.

패턴 유형과 촉발사건

수동공격성 패턴은 건강한 쪽의 끝에는 적응적 패턴이 있고, 병리적인 쪽의 끝에는 부적응 패턴이 있는 연속선으로 생각할 수 있다. 개인의 패턴에는 일정한 독특함이 있지만, 보통 다음과 같은 주제를 반영하고 있다. 적응적 패턴을 가진 사람은 대부분의 시간에 자신의 책임을 다하려고 한다. 이들은 부당한 요구에 적절하게 저항하며, 느긋하고, 권위에 눌리지 않는다. 또한 타인과 합리적으로 협력할 수 있고, 집단 및 가족과 편안하게 지낼 수 있다. 반면, 좀 더 부적응 패턴을 가진 사람은 미루기, '잊어버리기', 토라지기, 혹은 논쟁하기를 통해 특정한 책임을 지는 것에 저항한다. 또한 이들은 자신이 불합리한 요구를 받는다고 인식하면 따져 보지도 않고 항의부터 할 가능성이 크다. 이들은 자신이 정말로 하고 싶지 않은 일을 할 때는 일부러 느리게 하거나 부당한 일을 하는 것처럼 행동한다. 마지막으로, 이들은 비협조적이고, 자신의 몫은 다하지 않으면서 타인의 노력을 방해한다.

▶ 수동공격적 패턴

패턴 촉발사건	자기 책임 또는 자립에 대한 기대
부적응 패턴	개인적 가치나 실패에 대해 예상되는 공격을 사전에 차단하려고 간접적으로 공격함
적응적 패턴	공격할 필요없이 자신의 부정적인 감정과 실패를 표현하고 받아들임

수동공격성 패턴의 치료적 도전과제

상담 과정에서 발생할 수 있는 도전과제를 예상하고 예측하는 것은 도전과제를 선제적으로 예방하거나 도전과제가 발생했을 때 효과적으로 다루는 데 있어 매우 중요하다. 상담 과정에서 가장 일반적인 도전과제는 참여, 전이, 역전이, 상담의 진전이나 퇴행, 종결이다. 다음의 표는 우리의 임상경험과 슈퍼비전 경험을 바탕으로 이 패턴에 대한 가장 가능성이 큰 지표를 요약한 것이다.

▶ **도전과제와 행동지표**

참여	협력할 것처럼 굴지만 그렇게 하지 않는 것에 대해 변명함
전이	적대적인 의존, 상담 요구를 가지고 다툼
역전이	짜증, 분노, 좌절감. 권력 투쟁 인식
상담 과정	망설이고, 합리화하고, 반대함
종결	조기종결 경향

결론

이 장에서는 우리 사례개념화 접근법의 핵심인 패턴을 강조했다. 또한 일상적인 상담 장면에서 많이 볼 수 있는 여덟 가지 패턴의 각각에 대해 다섯 개의 기본적인 도전과제를 살펴보았다. 각 패턴에 대한 간단한 정의를 한 후, 기본 패턴을 빠르게 파악하고 구별할 수 있는 임상 전략을 제시했다. 각 패턴은 패턴 설명, 패턴 형성, 패턴 유형 그리고 치료적 도전과제의 순서로 설명했다. 이 장에서 수련생과 상담자들에게 임상적으로 가장 가치 있는 내용은 패턴의 촉발사건과 유형, 여덟 가지 패턴의 각각과 관련된 다섯 개의 치료적 도전과제 지표를 표로 요약한 부분일 것이다.

참고문헌

American Psychiatric Association. (1994). *Diagnostic and statistical manual of mental disorders* (4th ed.). Author.

American Psychiatric Association. (2013). *Diagnostic and statistical manual of mental disorders* (5th ed.). https://doi.org/10.1176/appi.books.9780890425596

Ansbacher, H. L., & Ansbacher, R. R. (Eds.). (1956). *The individual psychology of Alfred Adler*. Basic Books.

Caligor, E., Levy, K. N., & Yeomans, F. E. (2015). Narcissistic personality disorder: Diagnostic and clinical challenges. *American Journal of Psychiatry, 172*(5), 415–422.

Cloninger, C. R. (2000). A practical way to diagnosis personality disorder: A proposal. *Journal of Personality Disorders, 14*(2), 99–108.

Horney, K. (1951). *Neurosis and human growth*. Routledge & Kegan Paul.

Linehan, M. (2015). *DBT skill training manual* (2nd ed.). Guilford.

Millon, T., Millon, C. M., Meagher, S. E., Grossman, S. D., & Ramnath, R. (2012). *Personality disorders in modern life*. Wiley.

Sperry, L. (2011). Personality disorders: A quick and reliable method for screening and diagnosing axis II disorders through observation and interview. In H. Rosenthal (Ed.), *Favorite counseling and therapy techniques* (pp. 291–298). Routledge.

Sperry, L. (2016). *Handbook of diagnosis and treatment of DSM-5 personality disorders* (3rd ed.). Routledge.

Sperry, L. (2021). P*attern focused therapy: Highly effective CBT practice in mental health & integrated care settings*. Routledge.

Sperry, L., & Sperry, J. (2020). *Case conceptualization: Mastering this competency with ease and confidence* (2nd ed.). Routledge.

3장

사례개념화의 기본 및 평가

아홉 개의 P와 행동지표
사례개념화 기반 평가
패턴 평가
결론

사례개념화는 다양한 평가, 상담이론, 문화적으로 민감한 상담뿐 아니라 상담계획과 심리적 개입의 실행에 있어 능력(지식, 기술, 태도)을 필요로 하는 임상 전략이다. 사례개념화 전략은 상담자에게 대학원 교육에서 배운 여러 개념과 이론을 농축해 임상적 추론과 의사결정을 하고, 최종적으로 심리상담을 하도록 한다. 이 장에서는 이런 능력을 습득하는 데 도움이 되는 아홉 개의 P에 대해 설명하고, 그다음 사례개념화에 기반한 평가를 살펴보도록 하겠다.

사례개념화는 적절한 상담개입을 선택하는 데 도움이 되고 회기 중에 이루어지는 매 순간의 결정을 안내하는 상담 전략이다(Sperry & Sperry, 2020). 사례개념화가 없는 상담자는 방향타가 없어서 방향을 잃고 정처 없이 떠다니는 배의 선장과 같다(Meichenbaum, 2014). 우리가 소개하는 이 통합적 사례개념화 접근법은 상담자에게 임상 정보를 정리하고, 내담자 역동을 이해하며, 내담자의 고유한 요구에 맞춰 상담을 조정하고, 상담 과정 중 도전과제와 장애요인을 예측하는 방향을 알려 줄 것이다.

우리는 정신건강 실무자를 교육할 때 우리의 사례개념화 접근법에서 아홉 개의 P라고 불리는 행동지표를 구체화했는데, 이는 상담 실제에서 쉽게 배우고 적용할 수 있다. 우리의 워크숍을 수강한 학생과 상담자는 단계별 구성 방식으로 소개되는 아홉 개의 P가 내담자의 특정 요구에 맞게 상담을 개념화 · 맞춤화하는 데 도움이 된다고 했다. 또한 다양한 내담자에게 맞는 상담을 설계하고, 최종적으로 초기 평가 보고서를 구상 · 작성하는 데 도움이 된다고 보고했다.

아홉 개의 P와 행동지표

아홉 개의 P는 내담자의 호소문제와 후속 상담의 본질과 근원을 분명하게 하고 설명해 주는 아홉 개의 행동지표를 기반으로 한다. 아홉 개의 P는 패턴, 호소문제, 촉발요인, 유발요인, 보호요인, 유지요인, 성격-문화, 상담계획, 예측요인이다.

▶ 매우 효과적인 사례개념화에서의 아홉 개 행동지표

호소문제 (Presentation)	촉발요인에 따른 호소문제와 특징적인 반응
촉발요인 (Precipitant)	호소문제로 야기된 패턴을 활성화하는 촉발사건
패턴 (Pattern)	호소문제에 대해 생각하고, 느끼고, 행동하고, 대처하는 예측 가능하고 일관된 방식, 적응적이고 유연하고 효과적이거나 부적응적이고 융통성 없고 비효과적임
유발요인 (Predisposition)	적응적 패턴 또는 부적응 패턴 기능을 촉진하는 생리적 · 심리적 · 사회적 요인
유지요인 (Perpetuants)	호소문제와 패턴을 유지시키는 요인
성격-문화요인 (Personality-culture)	호소문제에 영향을 미치는 성격과 문화적 요인(정체성, 문화적 설명, 스트레스 요인 및 문화적응)
보호요인 (Protective factors)	안녕을 촉진하고, 호소문제에서 나타나는 임상 질환의 발병 가능성을 감소시키는 요소
상담계획 (Plan)	패턴 변화를 포함한 명시된 상담목표와 이를 달성하기 위한 치료적 개입과 문화적 개입
예측요인 (Predictive factors)	패턴을 통해 예상되는 상담 과정의 도전과제

이런 행동지표를 이해하고 살펴보는 목적은 높은 수준의 설명력, 예측력, 맞춤력을 갖춘 설득력 있는 사례개념화를 작성하는 데 도움을 주기 위함이다. 아홉 개의 P에 대한 자세한 설명은 다음과 같다.

호소문제

호소문제는 내담자의 문제와 이슈에 대한 서술적인 요약을 의미한다. 여기에는 일반적으로 증상과 개인적인 걱정, 관계갈등이 포함된다.

유발요인, 촉발요인, 패턴 및 유지요인이라는 네 개의 P는 내담자가 호소하는 문제에 대해 우리가 임상적 공식화라고 하는 임상적 설명을 제공한다.

촉발요인

촉발요인은 증상 또는 일반적인 호소문제를 일으키거나 호소문제와 동시에 일어나는 사건이나 스트레스 요인을 의미한다. 신체적 스트레스 요인의 예로는 통증, 상처, 약물 부작용 또는 중독물질 금단 증상을 들 수 있다. 일반적인 심리적 스트레스 요인에는 개인의 능력을 약화시키는 스트레스, 적응 문제 또는 실망이 포함된다. 사회적 스트레스 요인에는 개인의 사회적 지지와 지위를 약화시키는 외로움, 상실 또는 거절이 포함된다. 또한 중요한 타인의 질병, 사망 또는 입원, 새로운 곳으로의 이주 및 이에 따른 즉각적인 사회적 도움의 상실, 직장에서의 좌천, 사회보장 장애 수당의 상실이 포함된다.

유발요인

유발요인은 내담자의 호소문제와 패턴의 영향이나 원인을 설명하기 위해 사용되는 가설이다. 이 가설은 상담자가 지향하는 이론의 영향을 받는다. 이론적 모형은 고통과 부적응의 원인과 성격 특성의 발달, 변화와 치유가 일어나는 과정을 이해할 수 있는 개념적 틀을 제공한다. 이 책에서는 내담자에 대한 통합적인 이해를 지향하기 때문에 생리심리사회적 유발요인을 설명하고 있다. 이 생리심리사회적 모형에는 다음의 요인이 포함된다.

생리적 요인: 뇌 손상이나 뇌 이상, 기질, 정신장애 또는 물질장애의 가족력 같은 유전적·의학적 요인이 포함된다. 또한 라임병같은 정신장애를 모방한 건강 상태도 포함된다.

심리적 요인: 무능감, 완벽주의, 과잉 의존 또는 강박적 사고와 관련된 역기능적 신념이 포함된다. 또한 심리적 요인에는 친교관계 기술의 부족, 공감이나 충동성 문제 같은 제한되거나 과장된 사회적 기술이 포함된다. 이 요인은 상담자가 선택한 심리학적 이론에 따라 다를 수 있다.

사회적 요인: 불충분한 지지 체계, 어린 시절의 상실, 일관성 없는 양육 방식, 지나치게 얽히거나 분리된 가족 환경, 경쟁하거나 비난하는 가족 가치가 포함된다. 재정적인 스트레스 요인은 내담자의 임상적 호소문제를 더욱 악화시킬 수 있다. 생리심리사회적 모형의 '사회적' 요인에는 문화적 측면도 포함되는데, 여기에는 현재 일어나고 있거나 과거의 사회적 경험의 결과인 요인들이 포함된다.

(부적응) 패턴

패턴은 내담자가 스트레스가 많은 상황과 스트레스가 없는 상황에서 생각하고, 느끼고, 행동하고, 문제를 관리하는 방식에서 예측 가능하고 일관성 있는 성격적 특징을 말한다. 패턴은 기질적 특징(예: 감정 조절 및 에너지 수준), 심리적 특성(예: 자기애성 성격유형 또는 자기애성 성격장애), 사회적 해석(예: 협력 수준 및 소속감)이 통합된 것이다. 또한 패턴은 일반적으로 자기보존 또는 자기보호를 위해 개인이 사회적 맥락에서 보여 주는 대인관계 움직임을 고려한다. 움직임에는 물러서기, 다가가기, 대항하기, 양가적이 있는데, 각각의 움직임에는 의식하지 못하고 추구하는 다양한 목표가 있다. 예를 들면, 초기 평가를 마친 후 여러분은 내담자가 타인을 향해 다가가는 의존적인 성격유형을 보인다는 것을 알게 된다. 타인에게 다가가는 내담자의 움직임은 인정받고 사랑받는다고 느끼기 위해 언제나 타인의 요구를 우선시하고 타인의 기분을 맞추려고 노력하는 패턴을 반영하고 있다. 패턴은 2장에서 자세히 설명했다.

유지요인

유지요인은 개인과 환경 모두에 의해 개인의 패턴과 호소문제가 강화되고 유지되는 역동 및 상황이다. 이런 역동과 상황에는 면역력 저하나 중독물질의 습관화 같은 신체적인 것, 희망을 잃거나 회복의 결과를 두려워하는 심리적인 것, 학대하는 가족이나 회복과 성장보다는 제한된 역기능적 행동을 조장하는 기관 같은 사회적인 것이 있다. 때로는 촉발요인들이 계속되어 유지요인이 되기도 한다.

상담계획

상담계획은 상담자와 내담자가 상담목표와 과제 및 역할을 협의하는 과정으로, 내담자의 도전과제와 역동에 대한 상담자의 이해에 영향을 받는다. 상담계획은 상담목표와 과제, 과정, 의뢰, 상담개입을 포함하는 전략적인 상담 과정이다. 상담계획은 증상의 감소(1차 변화)와 패턴의 변화(2차 변화)에 중점을 두어야 한다. 상담계획에서 임상적인 의사결정을 할 때의 고려 사항, 문화적 민감성, 윤리적 고려 사항을 검토한다.

보호요인 및 강점

보호요인은 상담자가 내담자의 회복탄력성을 활용하여 안녕을 촉진하고 부정적인 결과가 나타날 가능성을 줄여 준다. 보호요인은 환경적인 것일 수도 있고 개인 내적인 것일 수도 있다. 예를 들면, 개인이 받는 무료 상담 서비스, 쉽게 이용할 수 있는 돌봄지원 시스템 등이다. 강한 자기주장 기술, 자기효능감, 그리고 좌절감에 대한 내성도 보호요인 또는 강점으로 볼 수 있다.

예측요인

예측요인은 상담자가 상담 중에 일어날 수 있는 상담의 장애요인과 도전과제를 평가하고 확인하는 데 도움이 된다. 이 요인들은 내담자의 패턴, 변화 준비도 같은 역동 또는 도움이 되지 않거나 비현실적인 상담 기대 같은 기타 내담자 요인에서 나온다. 이런 기대의 예로는 상담자가 똑같은 상황을 경험하지 않았다면 상담은 도움이 되지 않을 거라는 내담자의 믿음, 또는 상담자가 내담자의 문제를 해결하는 '해결사' 역할을 해 줄 거라는 기대가 있다. 예측요인은 상담자에게 상담 과정 중에 일어날 수 있는 장애요인과 도전과제를 다루기 위해 고안된 개입을 활용하도록 알려 준다. 예를 들어, 상담자가 내담자를 의존적인 성격유형으로 평가했다면 회기 중에 직접적인 조언이나 지시를 하기보다 자율권을 활용하도록 추가적인 노력을 해야 한다.

사례개념화 기반 평가

아홉 개의 P는 그 자체로 내담자의 역동을 이해하고 적절한 상담 과정을 결정하는 데 매우 유용하다. 효과적인 사례개념화와 상담계획은 포괄적인 평가가 있어야 가능하다. 이 책에서는 상담자가 효과적으로 정보를 수집하기 위한 기본 평가 과정과 면접 기술에 능숙하다고 가정한다. 우리는 많은 대학원 교과과정에서 이제 막 사례개념화를 가르치기 시작했기 때문에 많은 상담자가 사례개념화 기반 평가를 실행하는 것에 익숙하지 않다는 것을 알고 있다. 이 절에서 제시하는 평가 내용은 L. Sperry(2010)에서 발췌한 사례개념화 기반 평가 질문의 목록이다.

아홉 개의 행동지표	기본 선별질문	세부 지침
호소문제와 촉발요인	•"어떤 문제로 오셨나요?" •"현재 문제가 삶에 어떤 방식으로 문제를 일으키나요?" •"두 달 전이 아니라 왜 지금 도움을 받으려고 하나요?" •"최근에 큰 스트레스를 받았거나 삶의 변화가 있었나요?"	문제의 목록(호소문제)과 최근 또는 진행 중인 촉발사건(촉발요인)을 명확히 한다.
부적응 패턴 또는 적응적 패턴	•"자신을 어떤 사람이라고 설명하시겠어요?" •"당신과의 관계에서 문제를 일으키는 사람들과 관계를 맺는 방법이 있나요?" •"약점이나 개선하고 싶은 부분은 무엇인가요?"	패턴의 주제와 목표의 방향을 명확히 한다.
유발요인	상담자의 이론적 지향에 따라 여기에 활용하는 평가 과정과 질문은 달라진다.	내담자의 이야기를 끌어내고, 이론적인 렌즈(유발요인)를 통해 이에 대한 이해의 가설을 세운다.
유지요인	•"무엇이 문제/증상을 악화시키나요?"	환경적이거나 심리적일 수 있는 위험요인과 유지요인을 찾아본다.
문화적 요인: 문화적 정체성, 문화적응 수준, 문화적응 또는 문화적 스트레스, 설명모형	•"민족적 배경은 무엇인가요?" •"동일시하는 문화집단은 무엇인가요?" •"당신은 몇 세대인가요?" •"어떤 언어를 사용하는 것을 더 좋아하세요?" •"사회 활동을 할 때 누구와 함께 참여하는 것을 더 좋아하세요?"	민족 정체성, 인종, 연령, 성별 및 성적 취향, 종교, 이주 및 출신 국가, 사회경제적 지위, 문화적응 수준, 언어, 식습관 영향 및 교육
	•"이런 증상(문제)을 보이는 이유를 어떻게 설명하시겠어요?"	내담자의 설명 모형을 명확히 하고, 상호 동의할 수 있는 사례개념화를 협의하기 위한 단계를 설정한다.

보호요인 및 강점	• "삶에서 무엇이 잘되고 있나요?" • "강점은 무엇인가요?" • "무엇에 열정을 쏟고 있나요?" • "정서적 지원이 필요할 때 누구에게 연락할 수 있나요?"	내담자의 삶에서 긍정적인 결과를 이끌어 내는 요인을 경청한다. 이런 요인들을 상담 과정에 통합한다.
	• "이 문제를 최근에는 어떻게 다루었고, 과거에는 어떻게 다루었나요?"	변화를 일으키는 데 있어 과거의 노력과 성공을 다루는 내담자 자신의 노력을 탐색한다.
상담계획	• "상담회기에서 무엇을 얻고 싶은가요?" • "상담회기의 결과로 일어나기를 바라는 현실적인 목표는 무엇인가요?"	상담목표를 도출한다.
	• "호소문제가 얼마나 잘 해결되었나요? • 이 과정에서 개선이 일어나도록 하는 데 당신은 어떤 역할을 했다고 생각하나요? 상담자는 어떤 역할을 했을까요?"	상담에 대한 기대와 변화하려는 내담자의 동기를 확인한다.
	• "언제쯤 상황이 나아질 것으로 예상하나요?" • "1~10의 척도에서, 확인된 목표를 달성하기 위한 준비가 얼마나 되어 있나요?"	변화의 준비도 수준을 구체화한다. 내담자의 변화 단계와 상담 기대에 따라 맞춤 개입을 한다.
예측요인	• "상담목표를 달성하는 데 방해가 될 수 있는 도전과제나 이슈는 무엇인가요?"	내부 및 외부의 장애요인과 도전과제를 구체화하고, 그런 장애요인을 완화하거나 극복하기 위해 상호 합의된 전략을 결정한다.

패턴 평가

이 책이 패턴 중심임을 고려하여, 패턴 평가에 대한 몇 가지 제안을 하고자 한다. 성격 목록은 성격유형과 특성을 간략히 파악하는 효과적인 방법이 될 수 있으며, 이는 패턴 진술문을 쓸 때 유용하다. 다음의 평가 질문들은 상담자가 패턴을 평가하는 데 도움이 될 것이다.

- "자신을 어떤 사람이라고 설명하시겠어요?"
- "당신과의 관계에서 문제를 일으키는 사람들과 관계를 맺는 방법이 있나요?"
- "만약 물어볼 수 있다면, 당신의 이전 파트너(들)이 당신에 대해 가장 신경 쓰이는 점은 무엇이라고 할까요?"
- "자기 자신에 대해 한 가지를 바꿀 수 있다면, 무엇을 바꾸고 싶으세요?"

다양한 이론적 모형이 패턴 평가 방법을 소개하고 있다. 예를 들어, 아들러(Adler) 상담의 상담자는 내담자의 패턴과 목표를 이해하기 위해 초기 기억을 사용한다. 초기 기억은 내담자의 자기관, 타인관, 세계관, 타인과 삶의 도전과제를 다루는 전반적인 전략을 평가하는 데 사용되는 투사 기법이다. 또한 초기 기억은 내담자의 사회적 관심 수준, 삶의 과제를 향한 움직임, 생활양식 신념을 반영한다(Clark, 2002, 2013). 단기역동 심리치료(TLDP) 상담을 채택한 상담자는 회기 안에서 실연을 활용해 통찰과 교정적 정서 체험을 촉진한다. 또한 단기역동 심리치료 상담자는 내담자에 대한 자신의 객관적 또는 상호작용적인 역전이 반응을 관찰하기 위해 패턴을 탐색한다(Levenson, 2017). 다음의 표는 이론별 패턴 평가의 몇 가지 예이다.

심리상담 이론	패턴평가 방법	참고문헌
아들러 상담	초기 기억	Clark (2002, 2013)
단기역동 심리치료 상담	순환적인 부적응 패턴 평가	Levenson (2017)
치료적 평가	다양한 성격 목록을 활용한 간편 심리평가	Finn et al. (2012)

결론

아홉 개의 P를 이해하고 적용하면 사례개념화 전략을 더 잘 이해할 수 있다. 각 행동지표에 대한 기본적인 이해는 임상적 의사결정을 하는 데 도움이 되고 사례개념화 기술을 향상시킬 것이다. 4장에서는 이런 행동지표를 간편 사례개념화라고 불리는 5단계 사례개념화 전략에 통합시킬 것이다.

참고 문헌

Clark, A. J. (2002). *Early recollections: Theory and practice in counseling and psychotherapy*. Routledge.

Clark, A. J. (2013). *Dawn of memories: The meaning of early recollections in life*. Rowman & Littlefield.

Finn, S. E., Fischer, C. T., & Handler, L. (Eds.). (2012). *Collaborative/therapeutic assessment: A casebook and guide*. Wiley.

Levenson, H. (2017). *Brief dynamic therapy* (2nd ed.). American Psychological Association.

Meichenbaum, D. (2014). *The role of a case conceptualization model and core tasks of intervention*. Handout from the 18th Melissa Institute Conference, "Ways to Improve Community-Based, Educational and Psychotherapeutic Interventions: Lessons Learned," May.

Sperry, J., & Sperry, L. (2020). Case conceptualization: The key to highly effective counseling. *Counseling Today*, *63*(6), 50–55.

Sperry, L. (2010). *Core competencies in counseling and psychotherapy: Becoming a highly competent and effective therapist*. Routledge.

4장

간편 사례개념화

간편 사례개념화 5단계 전략

사례

이 장에서는 간편 사례개념화를 연습할 수 있는 5단계 전략을 알아보도록 하겠다. 이 책의 독자는 대부분 단기적이고 시간 제한적인 상담 서비스를 제공하는 환경에서 상담을 하는 상담자들이다. 간편 사례개념화 양식은 상담자가 제한된 회기 내에 상담을 하거나 위험요인이 거의 없는 내담자와 상담을 할 때 사용하도록 구성되었다. 이 장에서는 간편 사례개념화에 포함되는 P를 정의한 다음 5단계 전략을 설명하고, 5단계 간편 사례개념화 전략을 보여 주는 두 개의 사례를 제시할 것이다.

▶ 간편 사례개념화의 행동지표

호소문제	촉발요인에 따른 호소문제와 특징적인 반응
촉발요인	호소문제로 야기된 패턴을 활성화하는 촉발사건
부적응 패턴	지각, 사고, 행동에 있어 융통성 없고, 비효과적인 방식
유발요인	적응적 패턴 또는 부적응 패턴과 호소문제의 기능을 촉진하는 요인
유지요인	패턴과 호소문제를 활성화하고 유지시키는 촉발사건
상담목표	명시된 단기 및 장기 상담 성과
상담개입	상담목표 및 패턴의 변화를 달성하기 위한 구체적인 변화기법 및 전술
문화적 상담	문화적 개입, 문화적으로 민감한 상담 또는 필요시 문화적으로 민감한 개입의 실행
상담의 장애요인 및 도전과제	부적응 패턴 및 기타 내담자 요인에서 예상되는 상담 전략의 예측 가능한 도전과제

간편 사례개념화를 통해 상담자는 접수면접에서 수집한 정보를 신속하게 공식화할 수 있다. 이 양식은 교육 환경 또는 임상 환경에서 사례발표를 할 때도 유용하다. 다음의 표에 간편 사례개념화의 행동지표와 정의를 정리했다.

간편 사례개념화 5단계 전략

이 절에서는 5단계 간편 사례개념화 전략을 단계별로 자세히 설명하고자 한다. 이 전략의 구성요소는 Sperry와 Sperry(2012, 2020)에서 발췌했다.

1단계: 호소문제와 촉발요인을 탐색하고, 이들 간의 연결을 구체화한다.

첫 번째 단계는 내담자의 호소문제와 상황적 촉발요인 또는 진행 중인 촉발사건을 탐색하는 것이다. 호소문제에는 증상이나 대인관계 문제가 포함된다. 호소문제의 예로는 급성 불안, 최근의 공황발작, 만성 우울 증상, 자연재해에 따른 트라우마 반응, 관계의 갈등 및 기타 여러 임상 질환 등이 있다. 다음으로, 상황적 촉발요인이나 진행 중인 촉발사건이 있는지, 혹은 둘 다 있는지 확인한다. 구체적으로 설명하자면, 촉발요인은 증상이 나타나기 전에 발생하는 스트레스 요인이다. 진행 중인 촉발사건은 촉발요인에 대한 내담자의 특징적인 (또는 패턴) 반응으로, 예를 들면 내담자가 대인관계에서 친밀감이 증가할 때마다 불안을 경험하는 경우이다. 상황적 촉발요인은 일반적으로 최근 가족 구성원의 사망, 심각한 자동차 사고, 최근의 이별 또는 타국으로의 이주 같은 급성의 심리사회적 스트레스 요인을 말한다.

2단계: 내담자의 기본적인 움직임과 목적을 탐색한 후, 간명하게 부적응 패턴을 기록한다.

앞에서 우리는 증거 기반 상담의 핵심은 사례개념화이고, 사례개념화의 핵심은 패턴이라고 이야기했다. 더 나아가 패턴은 개인이 삶의 문제를 다루기 위해 사용하는 특성적 전략으로 볼 수 있다. 패턴은 내담자의 특징적이고 일관된 지각, 사고, 느낌, 반응 방식에 대한 간명한 설명이다. 패턴은 내담자가 호소하는 증상을 촉발사건과 연결시키고, (3단계의) 유발요인과 유지요인에 의해 작동한다. 또한 패턴은 2차 상담목표 및 개입뿐만 아니라 향후 있을 수 있는 상담 장애요인 및 도전과제에 대해서도 알려 준다. 패턴은 성격 역동과 성격유형, 특히 대인관계적이고 특성적인 움직임을 이해하고, 개인이 일반적으로 자기보존 또는 자기보호를 위해 사회적 맥락에서 보이는 대인관계 움직임을 살펴보는 데 유용하다. 움직임에는 물러서기, 다가가기, 대항하기 그리고 양가적인 것이 있다. 각각의 움직임에는 무의식적으로 추구하는 다양한 목표가 포함되어 있다. 예를 들어, 여러분은 초기 평가를 마친 후에 내담자가 타인에게 다가가는 의존성 패턴을 보인다고 판단할 수 있다. 타인을 향해 다가가는 움직임은 항상 타인의 요구를 우선시하고, 인정받고 사랑받는다고 느끼기 위해 타인의 기분을 맞춰 주는 패턴을 반영한다.

3단계: 유발요인을 구체화하고 유지요인을 탐색한다.

3단계에서는 호소문제와 내담자의 패턴을 설명하는 데 가장 도움이 되는 유발요인을 구체화한다. 설명력은 임상적 공식화가 설득력 있고 유발요인을 명확하게 반영한 정도를 뜻한다. 유발요인은 "왜 이런 일이 일어났는가?"라는 질문에 대한 답이고, 1단계의 호소문제와 2단계의 패턴 역동의 영향에 대한 가설과 설명을 제공한다. 따라서 유발요인 진술문은 적응적 또는 부적응적 기능을 촉진하는 역동을 연결해 작성한다. 이 책에서는 생리심리사회적 공식화를 강조하지만, 이 단계에서 여러분이 원하는 이론을 가져와 적용할 수 있다. 문화적 자원, 문화적 스트레스 요인, 문화적 정체성 및 문화적응 스트레스 같은 문화적 영향도 이 단계에서 공식화된다.

유지요인은 문제가 되는 패턴과 호소증상을 유지하고 강화하는 요인이다. 유지요인은 불 위에 던져지는 연료처럼 문제가 되는 호소문제를 유지하거나 악화시킨다. 예를 들어, 발목이 삐었을 때 의사가 "무엇이 통증을 더 악화시키나요?"라고 묻는다면, 여러분은 걸으면 더 나빠진다고 답할 것이다. 그러면 의사는 목발을 사용하고 당분간 발목에 압력을 주지 말라고 할 것이다. 이 단계에서 우리는 환경, 관계 및 대인관계 역동에서 내담자의 문제를 유지하는 것이 무엇인지 탐색한다. 예를 들면, 불안은 종종 카페인 섭취로 유지될 수 있고, 우울 증상은 보통 대인관계의 회피 또는 경험의 회피로 유지된다.

4단계: 상담목표와 상담개입을 구체화한다 (1차 목표와 2차 목표).

적절한 상담개입을 구체화하는 것은 사례개념화 과정에서 가장 어려운 단계이다. 4단계에서는 내담자의 증상을 줄이고 부적응 패턴을 보다 적응적 패턴으로 전환하도록 돕기 위한 상담계획을 수립하고 상담개입을 맞춤화한다. 상담목표는 개입을 계획하고 상담의 얼개를 짜는 청사진 역할을 한다. 결과적으로 4단계는 “어떻게 바꿀 것인가?”라는 질문에 대한 답이다. 상담목표는 달성하기를 바라는 단기적이고 장기적인 상담 성과이다. 증상 감소(1차 목표)와 내담자의 적응적 패턴 촉진하기(2차 목표)는 매우 효과적인 상담을 하는 데 있어 중요한 단계이다.

최근까지 상담자들은 주로 급성 상담(즉, 1차 변화 목표)에 초점을 두었는데, 이는 대부분의 보험사가 기저 상태(즉, 2차 치료 목표 또는 패턴 변화)에 대한 지속적인 치료의 보장을 거부했기 때문이다. Wit 대 연방행동건강(United Behavioral Health: UBH) 소송사건에서 UBH에 대한 연방 지방법원의 획기적인 판결이 이를 변화시켰다(Appelbaum & Parks, 2020). 법원은 UBH의 보상 정책이 「정신건강평등법」을 위반했으며, 일반적으로 허용되는 치료 기준을 따르는 경우 2차 치료 목표를 보상해야 한다고 판결했다.

4단계는 내담자의 요구와 기대에 맞게 상담을 맞춤화하는 데 도움이 되는 양식을 제공한다. 그런 상담개입은 1차 변화 및 2차 변화 목표에 맞게 조정되어야 한다. 구체적인 기법은 내담자의 호소문제, 패턴, 상담 기대 및 문화적 역동에 맞게 조정된다. 상담목표는 평가 과정과 상담에 대해 내담자가 진술한 목표에서 도출된다.

상담에 대한 내담자의 동기와 준비도에 관해서는 범이론적 모형(Prochaska et al., 1992)이 유용하다. 내담자는 일반적으로 5단계의 변화 중 어느 하나를 반영하는 다양한 수준의 준비도를 보인다. 변화 단계는 전숙고 단계, 숙고 단계, 준비 단계, 실행 단계, 유지 단계이다. 이런 단계를 통한 진행은 반드시 직선적인 과정이 아니며, 오히려 내담자는 상담이 진행되는 동안 여러 단계를 왔다 갔다 한다. 다음은 변화 단계의 예이다(Prochaska et al., 1992).

전숙고 단계	내담자는 자신의 행동이 문제가 된다고 생각하지 않으며, 어떤 변화를 만들려는 생각이 없다.
숙고 단계	내담자는 자신의 행동이 문제가 될 수도 있다고 생각하지만, 현재로서는 어떠한 변화에도 관심이 없다.
준비 단계	내담자는 행동을 바꾸기로 약속하고 가까운 미래에 변화를 이룰 작정이다. 내담자는 이 단계에서 변화를 향한 분명한 조치를 취할 수 있다.
실행 단계	내담자는 적극적으로 변화를 만들며, 상담 이전의 행동/사고 패턴으로 되돌아가지 않는다.
유지 단계	내담자는 6개월 이상 계속 변화를 유지하고 있다.

특히 전숙고 단계에 있는 사람은 일반적으로 확인된 문제를 문제로 보지 않으며, 삶에 큰 변화를 일으키고 싶어 하지도 않는다. 이에 해당하는 대표적인 예는 중독문제를 다루는 데 관심이 없는 사람 또는 성격장애가 있는 사람이다. 그들은 변화가 필요하지 않다거나 시간이 너무 많이 걸린다거나 관심 사항이 아니라는 다양한 이유를 대면서 자신의 삶에 변화가 일어나는 것을 싫어한다. 한편, 변화의 준비 단계에 있는 사람은 그들의 삶에서 변화를 어떻게 실행할 것인지에 대한 구체적인 계획과 생각을 갖고 상담에 임하며, 그 과정

을 통해 상담자가 그들을 지지해 주고 도와주기를 바란다. 따라서 상담은 내담자가 보여 주는 변화 단계에 맞춰 이루어져야 한다.

우리는 다음의 간단한 표를 활용해 구체적인 호소문제와 확인된 목표에 따라 상담을 맞춤화할 것을 권한다. 세 개의 열로 구성된 이 표는 모든 호소문제와 패턴 역동을 다루는 양식을 제공한다.

호소문제	목표	상담개입
만성 불안	불안 감소	마음챙김에 대한 심리교육과 마음챙김 기술 교육
의존성 패턴	능력과 독립심 증가	인지 및 행동 대체, 역할극, 치료적 은유 사용

5단계: 상담의 장애요인과 도전과제 및 변화 촉진요인을 구체화한다.

1차 및 2차 목표와 해당 상담개입을 구체화한 다음엔 적응적 변화를 달성하고 유지하는 데 예상되는 장애요인과 촉진요인을 구체화해야 한다. 가장 중요한 것은 이 단계에서 상담목표를 달성하는 데 방해가 될 수 있는 도전과제와 장애요인을 예측하는 것, 즉 예측요인을 사용한다는 점이다. 우리는 상담의 시작부터 종결까지 상담과정 동안 이런 도전과제를 예상하는 능력을 예측력이라고 한다.

상담자는 있을 수 있는 장애요인과 도전과제뿐만 아니라 그런 요인들에 대처하는 촉진요인도 구체화해야 한다. 효과적인 사례개념화의 진정한 시험은 사례개념화의 예측력과 예측요인의 정도에 달려 있다. 즉, 상담 과정에서 발생할 가능성이 가장 높은 장애요인을 예측하는 능력과 그런 장애요인이 발생했을 때 상담자가 이를 알아채고 대응하는 방법을 예상하는 것에 달려 있다. 조기종결은 상담의 장애요인이 상담 과정에 부정적인 영향을 미칠 때 일어나기 쉽다. 상담자가 이런 장애요인을 예측하고 장애요인을 통과하는 방법을 알고 있다면, 상담 성과는 향상되고 치료적 동맹은 더 좋아질 것이다.

여기에서의 핵심은 장애요인이 종종 내담자의 성격유형에 따라 나타나는 부적응 패턴과 연결된다는 점이다. 다양한 성격유형을 가진 개인들은 안전과 신뢰, 라포가 형성될 때까지 처음 몇 회기 동안 계속 상담을 방해하는 행동을 할 수 있다. 예를 들어, 회피성 패턴을 가진 내담자는 개인적인 문제를 이야기하는 것을 어려워하고, 심지어 상담자가 실제로 자신을 비난하거나 부정적으로 평가하는지 확인하기 위해 상담에 지각하거나 약속을 취소함으로써 상담자를 시험하기도 한다.

상담 장애요인의 또 다른 예는 상담에서 내담자의 변화 준비도가 낮은 경우이다. 내담자가 배우자의 기분을 맞추려고 상담을 받으러 왔지만 의미있는 변화를 만드는 데 아무런 관심도 없다면, 변화의 전숙고 단계에 있을 가능성이 높다. 이런 상황은 상담자가 지지적이고 비판단적인 과정을 통해 변화에 대한 내담자의 양면성을 탐색하는 동기부여 면접을 활용해 해결할 수 있다. 이는 상담자가 5단계의 본질을 활용하여 적절하고 효과적인 상담으로 도전과제를 다루는 예이다.

다음의 목록은 상담자가 예측요인을 공식화하여 상담의 장애요인을 다루고 내담자 참여를 촉진하는 상담을 하는 데에 도움이 될 것이다. 이 과정은 궁극적으로 상담자와 내담자가 협의한 상담목표를 향해 나아가도록 돕기 위한 것이다. 5단계 간편 사례개념화 전략은 간편 사례개념화를 전개하는 데 사용할 수 있다.

5단계 간편 사례개념화
1단계: 호소문제와 촉발요인을 구체화한다
2단계: 부적응 패턴을 탐색한다.
3단계: 유발요인과 유지요인을 탐색한다.
4단계: 상담목표와 상담개입을 구체화한다
5단계: 도전과제와 촉진요인을 구체화한다.

사례

다음의 사례들은 5단계 간편 사례개념화 전략을 잘 설명하고 있다. 먼저 내담자의 배경 정보를 제공한 후, 5단계 간편 사례개념화 활동지를 채워 가며 각 단계를 간략하게 요약하고, 마지막으로 5단계 각각에 대한 세부 정보가 들어간 간편 사례개념화 진술문이 제시될 것이다.

Bell의 사례

배경

Bell은 35세의 백인이고, 이성애자이며, 가톨릭 신자인 시스젠더[1] 여성으로, 온라인 대학의 박사과정 학생이다. Bell은 자신의 일반화된 불안과 사회적 불안을 줄이기 위해 스스로 상담을 받으러 왔다. 그녀는 약 한 달 전에 지역 카페에서 새로운 일을 시작한 이후 전반

1 역자 주: 생물학적인 성과 성 정체성이 일치하는 사람을 의미한다.

적인 불안이 크게 증가한 것을 알게 되었다. 그녀는 새로운 직장, 온라인 수업, 다른 모든 사회적 장면에서 사람들과 이야기할 때 매우 불안하다고 말했다. 그녀는 자신이 학생으로서도, 새로운 직장에서도 전반적으로 무능하다고 생각하고 있다.

그녀는 질병을 앓은 적이 없고 과거에 심리치료를 받은 적이 없으며, 하루에 서너 잔의 커피를 마신다고 했다. 그녀는 자신이 어린 시절부터 불안한 사람이었다고 이야기했다. 외동인 그녀는 정서적 교류는 없이 자신을 비난하는 미혼모 밑에서 자랐다. 그녀는 어린 시절에 종종 혼자 놀았다고 회상했고, 자유 시간에는 주로 책을 읽었다고 했다. 어린 시절 이야기를 할 때, 그녀는 "정말로 외로웠고, 너무나 사랑받고 싶었어요."라고 말했다. 그녀는 지난 15년 동안 연애를 한 적은 없지만 세 명의 성적 파트너가 있었다고 말했다.

그녀는 과거에 심리상담과 정신과 치료를 받은 적은 없지만, 최근에 불안에 관한 자가 치유서를 여러 권 읽고 있으며 현재 인지행동치료(CBT) 자조 앱도 사용하고 있다고 했다. 그녀는 그 앱에서 추가적으로 개인상담을 받을 것을 강력히 권했다고 이야기했다. 정신건강 자원을 적극적으로 활용하고, 자기 개선을 위해 상담을 받으러 온 것으로 보아 그녀는 변화의 실행 단계에 있는 것으로 보인다. 그녀의 상담목표는 '불안을 줄이고 자신감과 자존감을 높이는 것'이다.

간편 사례개념화 활동지: Bell의 사례

1. 호소문제와 촉발요인을 탐색하고, 이들 간의 연결을 구체화한다.

호소문제: 최근 한 달간 증가한 불안과 사회적 불안

촉발요인: 지역 카페에서 새로운 일을 시작함

2. 내담자의 기본적 움직임과 목적을 탐색한 후, 짧고 간명하게 부적응 패턴을 기록한다.

패턴: 비난과 위해를 피하기 위해 물러서기

3. 부적응 패턴과 호소문제의 근원을 생리심리사회적 요인의 측면에서 효과적으로 설명하는 유발요인을 탐색하고 진술문을 작성한다. 그다음 유지요인(부적응 패턴과 호소문제를 유지하는 요인)을 탐색한다.

생리적 요인: 매일 3~4잔의 커피를 마심

심리적 요인–성격 패턴: 회피성

–자기관: "나는 무능하다."

–타인관: "사람들은 비난을 하고 판단적이다."

–부족한 기술: 대처 기술, 자기위로, 주장 기술, 친교 기술

사회적 요인–현재: 대인관계가 거의 없음, 학교에서의 불안, 직장에서 무능함과 불안을 느낌

–과거: 미혼모 밑에서 성장함, 이전 연애 관계 없음, 외로움을 느꼈고 어머니의 더 많은 관심과 연락을 바람

유지요인: 낮은 자존감, 하루에 3~4잔의 커피를 마심, 부족한 지지 체계

4. 계획을 확인하고 작성한다(상담목표, 1차 및 2차 목표, 이 목표를 달성할 수 있는 상담개입).

상담목표

1차 목표: 불안 증상 및 사회적 불안 감소

2차 목표: 사회적 능력을 높이고 타인과의 연결을 돕기

상담개입: 인지행동치료(CBT)/인지행동분석치료(CBASP): 인지 재구성, 대인관계 기술 훈련: 심리치료 집단 권고

문화적으로 민감한 상담개입: 성별이 문제가 될 수 있으므로 지지적인 여성 상담자 배정

5. 내담자의 성격유형과 패턴, 변화 준비도, 가능성 있는 참여 및 종결 문제, 상담 순응도, 전이 및 역전이 문제를 기반으로 상담의 장애요인과 도전과제, 변화 촉진요인을 탐색한다.

상담자를 '시험'할 가능성 있음, 집단상담에 저항할 가능성 있음, 상담자에 대한 지나친 의존, 상담자에게 집착하고 종결에 어려움을 겪을 가능성 있음

호소문제/증상	목표	상담개입
불안 및 스트레스	1: 불안과 사회적 불안 감소	인지 재구성, 사고 점검, 마음챙김 연습
회피성 패턴	2: 타인과의 연결을 돕기	대인관계 기술 훈련, 인지 대체, 행동 대체, 집단상담 의뢰

1은 1차 변화 목표; 2는 2차 변화 목표.

간편 사례개념화 진술문

Bell은 약 한 달 전에 지역 카페에서 새로운 일을 시작한 이후(**촉발요인**) 크게 증가한 일반화된 불안과 사회적 불안을 호소했다(**호소문제**). 그녀는 일반적으로 친밀한 관계를 피하며, 비난과 판단 또는 거절을 피하기 위해 타인에게서 물러선다(**부적응 패턴**). 그녀는 불안에 대한 가족력은 없지만, 하루에 서너 잔의 커피를 마신다고 보고했다. 그녀가 어머니에게서 받은 소홀하고 비난적인 양육 이력을 고려할 때, 특히 동료와 함께 일하고 고객을 응대해야 하는 직업적 요구를 감안하면 그녀의 불안과 회피성 패턴이 이해된다. 그녀는 자신을 무능하다고 여기며, 타인은 비난적이고 판단적일 것이라고 생각한다. 이런 관점은 대처 기술, 자기위로, 주장 기술, 친교 기술에 있어서의 부족함을 반영하고 있다. 그녀는 현재 사회적 관계가 거의 없으며, 직장과 학교 모두에서 무능하다고 느끼고 있다. 그녀는 이전의 어떤 연애 관계도 없다고 했고, 비난하고 정서적으로 교류하지 않는 미혼모 밑에서 자랐다(**유발요인**). 유지요인에는 그녀의 부족한 지지 체계와 직장에서 유능하지 않다는 생각, 하루에 서너 잔의 커피를 마시는 것이 포함된다(**유지요인**).

1차 목표는 불안 증상과 사회적 불안을 줄이는 것이고, 2차 목표는 사회적 능력을 향상시키고 타인과 연결되도록 돕는 것이다(**상담목표**). 1차 목표는 앞서 인지행동치료(CBT)에 대한 그녀의 관심을 고려해 CBT와 인지행동분석치료(CBASP)를 활용하여 달성할 것이다. 그녀의 자기비난적인 자기대화는 인지 재구성으로, 회피성 패턴은 대인관계 기술 훈련 및 심리치료 집단 의뢰를 통해 해결할 것이다(**상담개입**).

어머니와의 혼란스러운 관계를 감안해, 문화적으로 민감한 개입으로 지지적인 여성 상담자를 배정할 것이다. 그녀의 회피성 패턴으로 보아 상담자를 '시험'할 가능성이 있으며, 처음에는 집단상담에 저항할 수 있다. 일단 상담자와 라포가 형성되면, 상담자에게 지나치게 의존할 가능성이 있고, 종결에 어려움을 겪을 수 있다. 집단상담에 대한 의뢰는 내담자가 상담자와 라포를 형성하고 신뢰가 쌓인 후에 논의할 것이다(**예측요인**).

Robert의 사례

배경

Robert는 64세의 백인으로 기혼이며, 시스젠더 남성이다. 그는 대학 교수로 만성 우울과 최근의 높아진 불안감 때문에 상담을 받게 되었다. 그는 COVID-19 이후 시행된 자금 삭감으로 학교로부터 향후 몇 년 안에 은퇴할 것을 권유받은 후에 최근 불안감이 급증했다고 보고했다. 그가 우울한 기분, 의욕 저하, 집중의 어려움으로 지난 3주 동안 아무 일도 하지 못하자 아내와 아들이 상담을 받으라고 강력하게 권했다. 그의 상담목표는 '우울함을 덜 느끼고 불안을 다루는 것'이었다. Robert는 첫 면담에서 자신의 감정과 어려움에 대해 솔직하고 편안하게 이야기했기 때문에 Robert에게 자기노출은 문제가 되지 않았다. Robert와 면담한 상담자는 자녀와 결혼 생활에 대한 이야기와 같이 그가 관심의 중심이 되지 않을 때는 면담에 참여하는 것이 줄어들었다고 언급했다. 또한 그는 아내와 두 자녀, 그리고 가장 친한 친구가 그에게 충분한 관심을 주지 않는다고 불평했다. 그는 친구로 둔 교직원과 졸업한 제자가 많지만, 아내와

30년 지기 가장 친한 친구에게만 정서적으로 친밀감을 느꼈다고 말했다. 그는 최근 증상에 대해 어떠한 적극적인 대처도 하지 않았다고 했다.

Robert는 부유한 가정에서 자랐고 친부모 밑에서 외동으로 컸다. 그는 어머니와 그다지 친밀하지 않고, 어머니 앞에서는 전혀 편안하지 않다고 말했다. Robert는 아버지를 "정서적으로 멀리 떨어져 있다."라고 표현했고, 그의 어린 시절 내내 양육과 정서적 지지를 제공하며 그를 가장 가까이서 돌본 사람은 가정부였다고 했다. 가족의 가치관에 대해 묻자, 그는 "돈을 벌고 하루에 15시간 일하는 것 외에 우리 가족에게 가치관이 있었는지 모르겠다."라고 말했다. 그는 가족 안에서 자신의 역할은 부모 사이에 갈등이 생겼을 때 어릿광대가 되어 재미있게 기분 전환을 해 주는 것이라고 했다. 그는 "부모님을 웃게 만들거나 춤이나 노래같이 재미있는 것을 할 때 부모님이 나에게 더 많은 관심을 준다는 것을 아주 어린 나이에 깨달았다."라고 말했다. 그는 매우 사교적이고 외향적이기 때문에 어린 시절에 학교에서 인기가 있었지만, 또래들과는 정서적으로 친밀함을 거의 느끼지 못했다고 했다. 그는 외가와 친가 가족들이 우울과 불안의 병력이 있다고 보고했다.

Robert는 조기 발병, 불안한 고통과 지속되는 주요 우울 삽화를 동반한 중등도의 우울장애 기준을 충족한다.

간편 사례개념화 활동지: Robert의 사례

1. 호소문제와 촉발요인을 탐색하고 이들 간의 연결을 구체화한다.

호소문제: 지난 3주 동안 우울하고 불안한 느낌

촉발요인: 학교에서 향후 몇 년 안에 은퇴할 것을 권함

2. 내담자의 기본적 움직임과 목적을 탐색한 후, 짧고 간명하게 부적응 패턴을 기록한다.

패턴: 관심과 인정을 받기 위해 타인에게 다가가기

3. 부적응 패턴과 호소문제의 근원을 생리심리사회적 요인의 측면에서 효과적으로 설명하는 유발요인을 탐색하고 진술문을 작성한다. 그다음 유지요인(부적응 패턴과 호소문제을 유지하는 요인)을 탐색한다.

생리적 요인: 우울과 불안의 가족력

심리적 요인－성격 패턴: 연극성

－자기관: "나는 관심의 중심이 되었을 때만 사랑스럽다."

－타인관: "사람들은 자기 중심적이고 사랑이 없다."

－부족한 기술: 자기관리, 자기위로, 공감 기술

사회적 요인－현재: 피상적인 관계가 많고 친밀한 관계는 소수에 불과함

－과거: 주로 가정부에 의해 키워졌고, 부모에게 더 많은 관심을 받기를 원했음. 어렸을 때와 성인이 되어서도 피상적인 친구가 많음

유지요인: 약한 지지 체계, 수동적 대처, 지속적인 관심 욕구

4. 계획을 확인하고 작성한다(상담목표, 1차 및 2차 목표, 이 목표를 달성할 수 있는 상담개입).

상담목표

1차 목표: 우울 증상과 불안 증상의 감소

2차 목표: 관심을 받고 여전히 가치 있다고 느끼도록 돕기

상담개입: 인지행동치료(CBT)/인지행동분석치료(CBASP); 인지 재구성, 공감 및 자기관리 기술 훈련

문화적으로 민감한 상담개입: 그의 권리와 특권을 검토한다.

5. 내담자의 성격유형과 패턴, 변화 준비도, 가능성 있는 참여 및 종결 문제, 상담 순응도, 전이 및 역전이 문제를 기반으로 상담의 장애요인과 도전과제, 변화 촉진요인을 탐색한다.

지속적인 관계에 대한 환상, 종결에 대한 두려움, 어려운 주제에 대한 논의를 피할 수 있음

호소문제/증상	목표	상담개입
만성 우울 증상	1: 우울한 기분의 감소	합리적 정서행동치료로 비합리적 신념 논박하기, 정신과적 평가 의뢰
불안과 스트레스	1: 관련된 불안 증상의 감소	기능 분석 및 행동 대체, 자기관리기술 훈련
관심 추구 성향	2: 건강한 지지와 인정을 받도록 돕기	공감기술, 인지 대체, 행동 대체

1은 1차 변화 목표; 2는 2차 변화 목표.

간편 사례개념화 진술문

Robert는 지난 3주 동안 지속적인 우울 증상과 중간 정도의 불안이 있었다고 호소했다(**호소문제**). 이는 최근 학교로부터 향후 몇 년 안에 은퇴를 고려해 보라는 요청을 받은 것과 관련이 있다(**촉발요인**). 그는 평생을 관심과 인정을 받기 위해 사람들에게 다가가려고 노력했다(**패턴**). 그의 증상은 우울과 불안의 가족력을 고려하면 이해가 된다. 그는 연극성 패턴을 보여 주는데, 이는 그가 부모를 즐겁게 해 주었을 때 사랑받거나 특별하다고 느꼈던 경험을 고려하면 이해할 수 있다. 이것은 "나는 관심의 중심이 되었을 때만 특별하다."라는 그의 자기관과 일치한다. 그의 타인관은 "사람들은 자기중심적이고 사랑이 없다."는 것이다. 그의 이런 자기관과 타인관은 그가 어린 시절 내내 경험한 부모의 정서적 방치와 부모를 즐겁게 해 주기 위해 창의적인 방법으로 부모와 연결되려는 그의 노력을 고려하면 이해할 수 있다. 또한 그가 이야기한 과거와 현재의 피상적인 관계 패턴은 그에게 의미 있는 지지와 인정을 주지도 않고, 하지도 않는다(**유발요인**). 이 패턴은 그의 부족한 지지 체계, 대처 기술의 부족, 관심과 인정을 추구하는 지속적인 욕구에 의해 유지되었다(**유지요인**).

상담목표는 그의 우울한 기분과 불안 증상을 줄이는 것과 부정적인 결과 없이 관심과 지지를 구하도록 돕는 것이다(**상담목표**). 상담에는 자동적 사고 기록, 인지 대체 및 행동 대체, 소크라테스식 질문, 논박, 그리고 적극적인 대처와 공감, 자기관리 기술을 발전시키기 위한 기술 훈련이 활용될 것이다(**상담개입**).

그의 연극성 패턴을 감안하면, 상담에 대한 몇 가지 장애요인과 도전과제를 예상할 수 있다. 실제로 당면한 과제는 수행하지 않으면서 상담회기 중에 관심을 받으려고 할 수 있다. 일단 라포가 형성되면 그는 상담자가 자신을 직관적으로 이해하고 있다고 믿고 내면의 감정과 경험을 드러내지 않을 가능성이 있다. 관심을 받으려는 그의 노력으로 봤을 때, 상담하는 것은 Robert에게 즐거운 경험이 될 것이다. 따라서 상담자는 상담에서 지속적인 관계에 대한 그의 환상과 종결에 대한 잠재적 두려움을 계속 관찰해야 한다(**상담의 도전과제**).

참고문헌

Appelbaum, P. S., & Parks, J. (2020). Holding insurers accountable for parity in coverage of mental health treatment. *Psychiatric Services*, *71*(2), 202–204.

Prochaska, J. O., DiClemente, C. C., & Norcross, J. C. (1992). In search of how people change: Applications to the addictive behaviors. *American Psychologist*, *47*, 1102–1114.

Sperry, L., & Sperry, J. (2012). *Case conceptualization: Mastering this competency with ease and confidence*. Routledge.

Sperry, L., & Sperry, J. (2020). *Case conceptualization: Mastering this competency with ease and confidence* (2nd ed.). Routledge.

5장

간편 사례개념화 연습

Erin의 사례

Julia의 사례

간편 사례개념화는 다양한 임상 상황에서 유용하다. 이 유형의 사례개념화는 상담자가 공식화하는 행동지표가 일곱 개뿐이라서 첫 번째 회기가 끝난 후 빠르게 완성할 수 있다. 이런 5단계 전략에는 호소문제, 촉발요인, 패턴, 유발요인, 유지요인, 상담계획 및 예측요인이라는 행동지표가 포함된다. 행동지표가 적기 때문에 전체 사례개념화보다는 짧다. 이 장에서는 간편 사례개념화 양식을 적용할 수 있는 두 가지 다른 사례를 제시할 것이다.

다음의 사례에 대한 설명을 읽고 각 사례의 간편 사례개념화 활동지를 완성한 다음, 활동지의 내용을 5단계에 맞춰 요약해 보자. 간편 사례개념화 모범 답안은 각 사례의 끝에 제시할 것이다.

Erin의 사례

Erin은 39세의 백인이고, 이성애자인 시스젠더 여성으로, 부유한 가정에서 보모로 일하고 있다. 그녀는 우울한 기분과 극심한 애도 반응으로 인해 스스로 상담을 받으러 왔다. 그녀의 할머니가 2주 전에 돌아가셨고, 6년 동안 사귄 남자 친구는 그 다음날 그녀를 떠나 다른 여자에게로 갔다. 첫 면담 내내 눈물을 글썽인 그녀는 울지 않으려고 애쓰면서 "사람들 앞에서 우는 게 싫다."라고 말했다. 그녀는 어린 시절부터 우울 증상의 병력이 있었다고 했고, 이것은 어머니의 정서적 지지가 부족했기 때문이라고 했다. Erin의 어머니는 중독 문제로 어려움을 겪었고, Erin의 어린 시절 내내 치료를 받기 위해 입원과 퇴원을 반복했다. Erin은 외할머니가 돌아가신 직후 어머니가 재발했다고 말했다.

Erin은 자신에 대해 “나 자신의 요구보다 타인의 요구를 우선시하는 문제가 있고, 도움을 요청하는 것이 어렵다.”라고 표현했다. 그녀는 우정이 불균형하다고 했는데, 친구들 대부분이 그녀에게 정서적 지지를 바라면서 그녀가 도움이 필요할 때는 그녀를 돕지 않아 상호적이지 않기 때문이라고 했다. Erin의 가장 친한 친구는 Erin의 남자 친구가 재정적 지원을 받으려고 그녀를 이용한다면서 남자 친구와 헤어지라고 권했다. 지난 2년 동안 전 남자 친구가 실직 상태였기 때문에 Erin이 정기적으로 집 임대료와 자동차 비용을 내주고 있었다.

어렸을 때 Erin은 어머니에게서 일관성 없이 양육되었고 아버지는 그녀가 태어나기도 전에 약물 과다복용으로 사망했기 때문에, 그녀에게 중요한 대부분의 요구는 외할머니가 들어 주었다. 어머니의 중독과 정신건강 문제로 인해 그녀는 어린 나이에 부모화된 아이가 되었다. 그녀는 자기위로, 정서적 회피, 주장, 자기비난적 신념으로 어려움을 겪고 있다. 그녀는 친구들이 많고, 자신의 일을 좋아하며, 상담을 시작하려는 동기가 매우 높다고 했다.

Erin은 코드화할 수 있는 진단 기준을 충족하지는 않지만, 우울한 기분을 동반한 적응장애의 몇 가지 특징을 보여 주고 있다.

간편 사례개념화 활동지: Erin의 사례

지침: 간편 사례개념화의 다섯 단계를 문구나 문장으로 작성한다. 그다음 이런 문장을 활용해 제시된 빈칸에 간편 사례개념화 진술문을 작성한다.

1. 호소문제와 촉발요인을 탐색하고 이들 간의 연결을 구체화한다.

   호소문제: ______________________________

   촉발요인: ______________________________

2. 내담자의 기본적 움직임과 목적을 탐색한 후, 짧고 간명하게 부적응 패턴을 기록한다.

   패턴: ______________________________

3. 부적응 패턴과 호소문제의 근원을 생리심리사회적 요인의 측면에서 효과적으로 설명하는 유발요인을 탐색하고 진술문을 작성한다. 그다음 유지요인(부적응 패턴과 호소문제을 유지하는 요인)을 탐색한다.

   생리적 요인: ______________________________

   심리적 요인–성격 패턴: ______________________________

   –자기관: ______________________________

   –타인관: ______________________________

   –부족한 기술: ______________________________

사회적 요인–현재: ____________________

–과거: ____________________

유지요인: ____________________

4. 계획을 확인하고 작성한다(상담목표, 1차 및 2차 목표, 이 목표를 달성할 수 있는 상담개입).

상담목표

1차 목표: ____________________

2차 목표: ____________________

상담개입: ____________________

____

____

문화적으로 민감한 상담개입: ____________________

____

____

5. 내담자의 성격유형과 패턴, 변화 준비도, 가능성 있는 참여 및 종결 문제, 상담 순응도, 전이 및 역전이 문제를 기반으로 상담의 장애요인과 도전과제, 변화 촉진요인을 탐색한다.

____

____

호소문제/증상	목표	상담개입

1~5번에 대한 답을 연결하여 간편 사례개념화 진술문을 작성한다.

사례 모범 답안

다음은 Erin의 사례에 대한 모범 답안이다. 활동지의 답은 짧게 하고, 진술문 부문은 5단계에 따라 자세하게 작성했다.

간편 사례개념화 진술문: Erin의 사례

1. 호소문제와 촉발요인을 탐색하고 이들 간의 연결을 구체화한다.

호소문제: 우울한 기분과 슬픔

촉발요인: 할머니가 돌아가셨고, 남자 친구는 2주 전에 그녀를 떠남

2. 내담자의 기본적 움직임과 목적을 탐색한 후, 짧고 간명하게 부적응 패턴을 기록한다.

패턴: 자신의 요구가 아닌 타인의 요구를 충족시키는 것으로 타인에게 다가가기

3. 부적응 패턴과 호소문제의 근원을 생리심리사회적 요인의 측면에서 효과적으로 설명하는 유발요인을 탐색하고 진술문을 작성한다. 그다음 유지요인(부적응 패턴과 호소문제를 유지하는 요인)을 탐색한다.

생리적 요인: 어머니의 만성 중독 병력

심리적 요인–성격 패턴: 의존성

–자기관: "나는 착하지만 무능하다."

–타인관: "타인의 요구가 더 중요하다."

–부족한 기술: 자기위로, 주장 기술, 경계 설정

사회적 요인–현재: 할머니의 사망, 최근 남자 친구와의 결별, 지지적이 지 않은 사회관계망, 최근 어머니의 재발

–과거: 어머니의 중독으로 인한 투병, 약물 과다복용으로 인한 아버지의 사망, 주된 부모 역할을 해 준 할머니, 부모화된 아이였음

유지요인: 도움을 요청하기 어려워함, 지지적이지 않은 지지 체계, 타인의 요구에 중점을 둠

4. 계획을 확인하고 작성한다(상담목표, 1차 및 2차 목표, 이 목표를 달성할 수 있는 상담개입).

상담목표

1차 목표: 우울 증상을 줄이고 할머니의 상실을 다루도록 도움

2차 목표: 타인의 요구뿐만 아니라 자신의 요구도 충족하도록 도움

상담개입: 행동 활성화, 애도 상담, 치료적 지지, 자기관찰, 상황 분석, 인지 대체 및 행동 대체

문화적으로 민감한 상담개입: 문화적 요인은 중요하지 않지만, 지지적인 여성 상담자 배정

5. 내담자의 성격유형과 패턴, 변화 준비도, 가능성 있는 참여 및 종결 문제, 상담 순응도, 전이 및 역전이 문제를 기반으로 상담의 장애요인과 도전과제, 변화 촉진요인을 탐색한다.

Erin의 관계유형을 고려해 볼 때, Erin은 상담자에게 의사결정과 문제

해결에 대한 무언의 요구를 할 수 있으며, 상담 과정에 협력하기보다 순응할 수 있음

호소문제/증상	목표	상담개입
우울 증상	1: 우울 증상 줄이기	행동 활성화
슬픔과 상실	1: 슬픔과 상실 다루기	애도 상담 및 치료적 지지
의존성 패턴	2: 자기 자신과 타인의 요구를 충족시키는 데 균형을 맞추도록 돕기	자기관찰, 상황 분석, 인지 대체와 행동 대체

1은 1차 변화 목표; 2는 2차 변화 목표.

간편 사례개념화 진술문: Erin의 사례

Erin은 2주 전에 할머니가 돌아가시고 남자 친구가 그녀를 떠난 것(**촉발요인**)에 대한 반응으로 슬픔과 우울 증상을 호소했다(**호소문제**). 그녀의 돌봄 성향을 고려해 보면, 그녀의 패턴은 타인의 기분을 맞추고 그들의 요구를 충족시키기 위해 타인에게 다가가는 것이다(**부적응 패턴**). 그녀의 생리심리사회적 유발요인에는 어머니의 중독 병력이 포함된다. 심리적 요인에는 자기 자신을 "착하지만 무능하다."라고 보고 타인의 요구가 자신의 요구보다 더 중요하다고 생각하는 의존성 패턴이 포함되어 있다. 이런 관점은 어머니를 돌보면서 정서적 요구는 충족하지 못한 어린 시절의 경험과 일치한다. 자기위로, 주장 기술 및 경계 설정의 기술이 부족하다. 현재의 사회적 요인에는 최근의 할머니의 사망과 어머니의 재발, 많긴 하지만 지지해 주지 않는 친구 관계망, 할머니가 돌아가신 다음 날 떠난 6년

간 사귄 남자 친구가 있다. 그녀는 자신과 가까운 사람들을 보살피는 것에 집중하느라 도움을 요청하고 자신의 요구를 충족시키는 데 계속 어려움을 겪고 있다. 과거의 사회적 요인에는 Erin의 삶 내내 중독으로 투병한 어머니가 있는데, 이는 Erin이 어머니를 돌보고 부모화된 아이가 되도록 만들었다. 할머니는 Erin이 어렸을 때와 성인 초기에 주요 부모 역할을 해 주었다(**유발요인**). 유지요인은 도움이 되지 않는 지지 체계, 도움을 요청하는 것의 어려움, 자신의 요구보다 타인의 요구에 계속 중점을 두는 것이다(**유지요인**).

1차 상담목표는 우울 증상을 줄이고 할머니의 상실을 다루도록 돕는 것이다. 2차 상담목표는 타인의 요구와 자신의 요구를 충족시키는 데 균형을 맞추도록 돕는 것이다(**상담목표**). 1차 상담목표는 행동 활성화, 애도 상담 및 치료적 지지로 해결할 것이다. 2차 상담목표는 자기관찰, 상황 분석, 인지 및 행동 대체로 다룰 것이다(**상담개입**). 현재로서는 문화적으로 민감한 문화적 요인이 작용하지 않지만, 지지적인 여성 상담자를 배정하는 것이 좋다. 그녀의 관계유형을 고려해 볼 때, Erin은 상담자에게 의사결정과 문제해결에 대한 무언의 요구를 할 수 있으며, 상담 과정에 협력하기보다 순응할 수 있다(**상담의 도전과제**).

Julia의 사례

Julia는 21세의 히스패닉계 여성으로, 양성애자(현재 여성과 사귀고 있음)이고, 사회복지 과정 3학년이다. 그녀는 일주일에 20시간을 음

식점에서 일하고 있으며 부모와 함께 살고 있다. 그녀는 가톨릭 신자라고 밝히며 가끔 기도를 하지만 교회에서 받아들여지는 느낌은 들지 않는다고 말했다. 그녀는 부모와 친척들이 "엄격하고 독선적인 가톨릭 신자"이며, "부모님은 극단적인 동성애 혐오자"라고 했다.

Julia는 온 가족이 현재 여자 친구와 사귀는 것을 인정하지 않는 것에 대해 슬퍼하고 낙담하여 스스로 상담을 받으러 왔다. 여자 친구가 휴대전화로 보내온 여러 통의 문자를 본 이모에게 Julia가 여자와 사귀고 있다는 사실을 들켜, 그녀는 4주 전에 부모에게 커밍아웃했다. 이모가 부모에게 알리겠다고 협박했기 때문에 Julia는 자신이 먼저 이야기하면 덜 실망할 것 같아서 부모에게 알렸다. 그녀의 부모와 친척들은 모두 그녀의 성적 취향에 대해 강한 반감을 드러내며 그녀가 여자 친구 만나는 것을 금지했다. 커밍아웃 이후, 그들은 여성을 좋아하는 그녀의 마음이 사라지기를 기도한다는 내용의 문자를 정기적으로 보내왔다. 부모는 Julia가 여자 친구 만나는 것을 금지했기 때문에 그녀는 실제로 여자 친구와 함께 있을 때마다 부모에게는 남자 친구와 함께 있다고 말했다. Julia가 가족에게 커밍아웃한 이후 몇몇 친한 친구에게 정서적 지지를 받을 수 있었다. 그녀는 자신이 "친구들은 잘 보살피지만 스스로는 잘 돌보지 못하는" 경향이 있다고 말했다.

Julia는 첫 회기 내내 울었다. 그녀는 그 사실을 알린 이후 거의 매일 기분이 우울하고, 일주일에 몇 번씩 불면증을 겪고 있으며 집중하는 데 어려움이 있다고 했다. 자신에 대해 설명해 보라고 했을 때, 그녀는 자신을 친구를 보살피는 사람, 기쁨을 주는 사람, "항상 다른 사람을 먼저 생각하는 사람", 유머 감각이 뛰어나고 지적인 사람이라고 했다. 그녀가 시도한 해결책은 관계를 숨기고, 집 안을 더 열심히 청소하고, 매주 여러 번 부모가 좋아하는 아르헨티나 요리를 하는 것이었다. 어렸을 때 집에서 그녀의 역할은 "언니가 많은 문제를 일으키고 항상 부모님께 스트레스를 주었기 때문에, 좋은 딸이 되는 것"이었다고 했다. Julia는 가족 안에서 균형을 유지하기 위해 자신의 요구를 억제하는 역할을 맡았다.

Julia는 "감정을 관리하고 우울함을 덜 느끼는 방법을 찾는 것"과 "집에서 나 자신이 될 수 있기"를 바랐다. 또한 그녀는 상담을 통해 자신의 감정을 이야기하고, 끊임없이 타인을 돌보기 보다는 자신의 요구에 집중하고 싶다고 했다. Julia는 개인상담에 관심을 보였고, 청년을 위한 '커밍아웃' 지원단체에 참여하는 것에 큰 관심을 보였다. 그녀는 우울한 기분을 동반한 적응장애라는 잠정적인 진단을 받았다.

간편 사례개념화 진술문 활동지: Julia의 사례

지침: 간편 사례개념화의 다섯 단계를 문구나 문장으로 작성한다. 그다음 이런 문장을 활용해 제시된 빈칸에 간편 사례개념화 진술문을 작성한다.

1. 호소문제와 촉발요인을 탐색하고 이들 간의 연결을 구체화한다.

호소문제: ____________________

촉발요인: ____________________

2. 내담자의 기본적 움직임과 목적을 탐색한 후, 짧고 간명하게 부적응 패턴을 기록한다.

   패턴: ______________________________

3. 부적응 패턴과 호소문제의 근원을 생리심리사회적 요인의 측면에서 효과적으로 설명하는 유발요인을 탐색하고 진술문을 작성한다. 그다음 유지요인(부적응 패턴과 호소문제을 유지하는 요인)을 탐색한다.

   생리적 요인: ______________________________

   심리적 요인−성격 패턴: ______________________________

   −자기관: ______________________________

   −타인관: ______________________________

   −부족한 기술: ______________________________

   사회적 요인−현재: ______________________________

   −과거: ______________________________

   유지요인: ______________________________

4. 계획을 확인하고 작성한다(상담목표, 1차 및 2차 목표, 이 목표를 달성할 수 있는 상담개입).

   상담목표

   1차 목표: ______________________________

   2차 목표: ______________________________

   상담개입: ______________________________

문화적으로 민감한 상담개입:

5. 내담자의 성격유형과 패턴, 변화 준비도, 가능성 있는 참여 및 종결 문제, 상담 순응도, 전이 및 역전이 문제를 기반으로 상담의 장애요인과 도전과제, 변화 촉진요인을 탐색한다.

호소문제/증상	목표	상담개입

1~5번에 대한 답을 연결하여 간편 사례개념화 진술문을 작성한다.

사례 모범 답안

다음은 Julia의 사례에 대한 모범 답안이다. 활동지의 답은 짧게 하고, 진술문 부문은 5단계에 따라 자세하게 작성했다.

간편 사례개념화 활동지: Julia의 사례

1. 호소문제와 촉발요인을 탐색하고 이들 간의 연결을 구체화한다.

   호소문제: 지난 4주간의 우울함과 낙담

   촉발요인: 가족에게 커밍아웃하고 인정받지 못한 경험

2. 내담자의 기본적 움직임과 목적을 탐색한 후, 짧고 간명하게 부적응 패턴을 기록한다.

   패턴: 타인의 기분을 맞추고 인정받기 위해 타인에게 다가가기

3. 부적응 패턴과 호소문제의 근원을 생리심리사회적 요인의 측면에서 효과적으로 설명하는 유빌요인을 탐색하고 진술문을 작성한다. 그다음 유지요인(부적응 패턴과 호소문제을 유지하는 요인)을 탐색한다.

   생리적 요인: 해당 사항 없음

   심리적 요인-성격 패턴: 의존성

   -자기관: "나는 부족한 사람이다."

   -타인관: 타인은 나의 도움을 필요로 하며, 그들의 요구가 내 것보다 더 중요하다."

–부족한 기술: 자기돌봄, 주장 기술, 경계 설정

사회적 요인–현재: 가족은 Julia의 성적 취향을 인정하지 않지만, 그녀를 지지하는 사회관계망을 가지고 있음. 어릴 때부터 자신의 욕구를 억압하고 부모를 도움

–과거: 가족은 그들의 종교와 문화 속에서 동성애 혐오 이데올로기를 지지함

유지요인: 동성애를 혐오하는 가족 구성원, 자기 방임, 돌봄 성향

4. 계획을 확인하고 작성한다: 상담목표, 1차 및 2차 목표, 이 목표를 달성할 수 있는 상담개입

상담목표

1차 목표: 우울 증상 감소 및 자기수용 증가

2차 목표: 자신과 타인의 요구를 충족시키는 균형을 유지하도록 돕기

상담개입: 자기관찰, 행동 활성화, 자기주장 기술 훈련, 대처 카드, 치료적 은유, 인지 및 행동 대체, 마치 ~하는 것처럼 행동하기

문화적으로 민감한 상담개입: 동성애 긍정 심리치료와 커밍아웃 지지단체에 대한 소개

5. 내담자의 성격유형과 패턴, 변화 준비도, 가능성 있는 참여 및 종결 문제, 상담 순응도, 전이 및 역전이 문제를 기반으로 상담의 장애요인과 도전과제, 변화 촉진요인을 탐색한다.

Julia는 상담자에게 의사결정과 문제해결에 대한 요구를 할 수 있으며,

상담 과정에 협력하기보다 순응할 수 있다. 상담자는 구조 환상을 경험하고 지시자 역할을 할 수 있다. 이런 장애요인은 예측 해석, 자율 권한 활용 및 전이 실행 처리를 통해 치료적으로 다룰 수 있다.

호소문제/증상	목표	상담개입
우울 증상	1: 우울 증상 줄이기	자기관찰, 행동 활성화, 자기주장 기술 훈련, 대처 카드 사용
가족들이 그녀의 양성애를 인정하지 않아서 낙담함	1: 자기 수용 높이기	동성애 긍정 심리치료 및 커밍아웃 지지단체에 대한 소개
사람들의 기분을 맞추고 자기희생적인 성향	2: 자신의 요구와 타인의 요구를 충족할 수 있도록 돕기	치료적 은유, 인지 및 행동 대체, 자신의 요구에 관심있는 것처럼 행동하기

1은 1차 변화 목표; 2는 2차 변화 목표.

간편 사례개념화 진술문

Julia는 약 한 달 전에 가족에게 커밍아웃하고 인정받지 못하는 경험(**촉발요인**)을 하면서 우울 증상과 큰 낙담을 느끼고 가족에게 거부당했다고 상담에서 호소했다(**호소문제**). 그녀의 돌봄과 자기희생적인 성향을 고려해 볼 때, 그녀의 패턴은 타인의 기분을 맞추고 인정을 받기 위해 타인에게 다가가는 것이다(**부적응 패턴**). 그녀의 생리심리사회적 유발요인 중 생리적 요인에는 특기할 만한 것이 없다. 심리적 요인에는 자신을 부족하다고 여기고 타인의 요구를 자신의 요구보다 더 중요하게 생각하는 의존성 패턴이 포함된다. 이런 자기관과 타인관은 어린 시절부터 행동 문제가 많은 언니 때문에 가족 안에서 균형을 유지하기 위해 자신의 욕구를 억제하는 역할을 맡았던 것을 고려하면 이해할 수 있다. Julia는 자기관리, 자기주장 기술 및 경계 설정 기술이 부족하다. 현재의 사회적 요인으로는 그녀의 성적 취향에 대한 가족의 거부가 있지만, 가족에게 커밍아웃한 이후 정서적 지지를 받을 수 있는 지지적인 사회관계망을 갖고 있다. 과거의 사회적 요인에는 Julia의 가족과 종교, 남미 문화 안에 있는 동성애 혐오 이데올로기의 역사가 있다. 또한 그녀는 어렸을 때부터 가족 안에서 균형을 유지하기 위해 자신의 욕구를 억눌렀다(**유발요인**). 유지요인에는 가족 구성원 사이의 동성애 혐오적 이데올로기, 자기방임, 돌봄 성향이 포함된다(**유지요인**).

1차 상담목표는 우울 증상을 줄이고 자기수용을 높이는 것이고, 2차 상담목표는 타인의 요구를 충족시키면서 자신의 요구를 충족하도록 돕는 것이다(**상담목표**). 1차 상담목표는 자기관찰, 행동 활성화, 자기주장 기술 훈련 및 대처 카드 사용으로 달성할 것이다. 2차 상담목표는 치료적 은유, 인지 및 행동 대체, 마치 ~하는 것처럼 행동하기로 다뤄질 것이다. 상담자는 내담자에게 자신의 필요를 충족시키는 데 능숙한 것처럼 행동하고, 자기관리를 실천하기 위해 취할 수 있는 조치를 검토하도록 요청할 것이다(**상담개입**). 문화적으로 민감한 상담개입에는 동성애 긍정 심리치료와 커밍아웃 지원단체를 소개하는 것이 포함된다. 상담의 도전과제로는 Julia가 상담자에게 의사결정과 문제해결을 종용하는 것과 그녀의 패턴으로 보아 치료 과정에 협력보다는 순응할 수 있다는 것이다. 상담자는 구조 환상을 경험하고 지시적인 역할을 할 수 있다. 이런 장애요인은 자율 권한 활용 및 전이 실행 처리를 통해 치료적으로 다룰 수 있다(**상담의 도전과제**).

6장

전체 사례개념화

전체 사례개념화의 임상적 가치
사례개념화를 위한 8단계 전략
전체 사례개념화 작성을 위한 상세 지침
전체 사례개념화 구상 및 작성
결론

전체 사례개념화는 내담자의 이야기를 포괄적으로 이해할 수 있고, 내담자의 특정 요구 사항과 문화적 배경에 맞는 맞춤형 상담을 제공하며, 평가 및 상담 과정에서 보호요인과 강점을 포함한다. 4장과 5장에서는 전체 사례개념화가 아닌 간편 사례개념화에 초점을 두었다. 이 장에서는 전체 사례개념화의 임상적 가치를 설명하고, 설명력, 예측력, 맞춤력이 높은 전체 사례개념화를 작성하기 위한 8단계 전략을 설명할 것이다. 그다음 전체 사례개념화의 사례를 두 개 제시할 것이다.

전체 사례개념화의 임상적 가치

전체 사례개념화의 임상적 가치는 무엇일까? 먼저 복잡한 문화적 요인, 심한 트라우마, 만성적인 약물 사용, 심각한 성격장애 문제를 고려해야 한다면, 많은 수련생과 좀 더 경험이 있는 상담자들은 내담자의 복잡한 특징 때문에 광범위하고 장기적인 상담이 필요하다고 생각할 것이다. 우리는 전체 사례개념화로 단기 상담에서도 향상된 상담 성과를 낼 수 있다고 믿는데, 이는 간편 사례개념화 과정에 상담에 통합되는 문화적 공식화, 보호요인, 강점이라는 세 단계를 추가하는 것으로 가능하다. 이런 단계가 없으면, 대부분의 복잡한 내담자들은 결과가 더 나쁠 수 있다. 〈표 6-1〉에 문화적 요인과 복합적 요인을 포함하는 전체 사례개념화의 공통 지표를 정리했다.

표 6-1 전체 사례개념화의 공통 지표

문화적 요인

- 가족 내 문화적응 수준의 불일치
- 상담 과정에 부정적인 영향을 미치는 문화적 신념과 기대
- 중요한 문화적응 스트레스 요인
- 직장 내 차별과 미세한 공격 같은 중요한 문화적 스트레스 요인

복합적 요인

- 학대 및 방임의 이력
- 심각한 성격장애 증상
- 물질 사용 이력
- 정신건강 문제의 만성적 병력
  (예: 정신신체 증상, 정신질환 증상 및 조증 증상)
- 낮은 변화 동기
- 동반되는 의학적 질환
- 약물치료의 필요성

상담자는 전체 사례개념화의 공통 지표가 존재하는지를 평가하여 간편 사례개념화를 활용할지 아니면 전체 사례개념화를 활용할지 결정할 수 있다. 다양한 문화적 요인과 복잡한 요인이 있으면, 전체 사례개념화 전략을 사용해야 한다. 우리는 복잡한 이력과 이에 관한 추가적인 행동지표가 있어야 한다고 생각한다. 다음의 표에 전체 사례개념화에 포함되는 행동지표와 그 정의가 정리되어 있다.

▶ 전체 사례개념화

호소문제	촉발요인에 따른 호소문제 및 특징적인 반응
촉발요인	패턴과 호소문제를 활성화하는 촉발사건
부적응 패턴	호소문제에 대해 생각하고, 느끼고, 행동하고, 대처하는 예측 가능하고 지속적인 방식으로, 부적응적이고 융통성이 없고 비효과적이다. 적응적일 때는 유연하고 효과적이다.
유발요인	적응적 또는 부적응 패턴 기능을 촉진하는 생리적 · 심리적 · 사회적 요인
유지요인	호소문제와 패턴을 유지하는 요인
보호요인과 강점	긍정적인 성과를 촉진하는 내적 또는 외적 요인 (예: 안전 애착, 사회적 지지, 변화 준비도)
문화적 정체성	특정 민족집단에 대한 소속감
문화적응 스트레스와 문화적 스트레스	주류 문화에 대한 적응 수준. 스트레스의 원인이 되는 문화적으로 얽매인 심리사회적 어려움
설명 모형	고통, 질환 또는 장애의 원인에 대한 신념
문화 대 성격	문화적 역동 및 성격 역동이 미치는 영향
상담목표	명시된 상담의 단기 성과(1차 목표)와 장기 성과(2차 목표: 적응적 패턴)
상담개입	상담목표 달성과 패턴 변화를 위한 상담 전략과 관련된 구체적인 변화 기법 및 전술
문화적 상담	문화적 개입, 문화적으로 민감한 상담 또는 필요한 경우 문화적으로 민감한 개입의 실행
상담의 장애요인 및 도전과제	부적응 패턴으로부터 예상되는 상담 과정에서의 도전과제

사례개념화를 위한 8단계 전략

전체 사례개념화를 구상하고 작성하는 8단계 과정을 간략하게 살펴보도록 하자.

전체 사례개념화 진술문 작성하기

1. 호소문제와 촉발요인을 탐색하고 이들 간의 연결을 구체화한다.
2. 내담자의 기본적 움직임과 목적을 탐색한 후, 간명하게 부적응 패턴을 기록한다.
3. 부적응 패턴과 호소문제의 근원을 생리심리사회적 요인의 측면에서 효과적으로 설명하는 유발요인을 탐색한다. 그다음 유지요인, 즉 부적응 패턴과 호소문제를 유지하는 요인을 탐색한다.
4. 문화적 정체성, 문화적응 스트레스 및 문화적 스트레스, 설명 모형, 문화적 요인-성격요인의 우세 여부(문화 대 성격), 문화적으로 민감한 상담 필요 여부 등이 포함된 문화적 공식화를 탐색한다.
5. 내담자의 관련 보호요인과 강점을 탐색한다.
6. 상담목표를 설정한다[1차 목표(증상) 및 2차 목표(적응적 패턴)].
7. 설정한 상담목표 달성과 관련된 생리적 · 심리적 · 사회적 · 문화적 요인을 다루는 상담개입을 구체화한다.
8. 예측요인을 탐색한다. 내담자의 성격 패턴, 변화 준비도, 참여 및 종결 문제의 가능성, 상담 순응도, 전이 및 역전이 문제에 근거하여 상담의 장애요인과 도전과제, 변화를 촉진하는 요인을 탐색한다.

전체 사례개념화 작성을 위한 상세 지침

상담자는 이 과정을 안내하는 8단계 전략을 사용하여 전체 사례개념화를 이해하고 연습할 수 있다. 이 절에서 8단계를 설명할 것인데, 각 단계에 대한 자세한 배경 정보는 Sperry와 Sperry(2020)를 참조하기 바란다.

1단계: 호소문제와 촉발요인을 탐색하고 이들 간의 연결을 구체화한다.

첫 번째 단계는 내담자의 호소문제와 상황적 촉발요인 또는 진행 중인 촉발사건을 탐색하는 것이다. 호소문제에는 증상이나 대인관계 문제가 포함된다. 예를 들어, 급성 불안, 최근의 공황 발작, 만성 우울 증상, 자연재해에 대한 트라우마 반응, 지속적인 관계갈등 및 기타 여러 가지 병적 질환이 있다. 다음으로, 상황적 촉발요인 또는 진행 중인 촉발사건이 있는지 탐색한다. 구체적으로, 상황적 촉발요인은 증상이 나타나기 전에 발생하는 스트레스 요인이나 사건으로, 최근 가족 구성원의 사망, 최근의 이별 또는 다른 국가로의 이주 등이 상황적 촉발요인의 예이다. 진행 중인 촉발사건은 촉발요인에 대한 내담자의 특징적인 반응(또는 패턴)을 활성화하는데, 예를 들면 대인관계에서 친밀감이 증가할 때마다 불안을 경험하는 경우이다.

2단계: 내담자의 기본적 움직임과 목적을 탐색한 후, 간명하게 부적응 패턴을 기록한다.

앞에서 우리는 증거 기반 상담의 핵심은 사례개념화이고, 사례개념화의 핵심은 패턴이라고 이야기했다. 더 나아가 패턴은 지각하고, 사고하고, 느끼고, 반응하는 데 있어 개인의 특징적이고 일관된 방식이다. 패턴은 내담자가 호소하는 증상을 촉발사건과 연결시키고, (3단계의) 유발요인과 유지요인에 의해 작동한다. 또한 패턴은 2차 상담목표 및 개입뿐만 아니라 향후 있을 수 있는 상담 장애요인 및 도전과제에 대해서도 알려 준다. 패턴은 성격 역동과 일반적으로 자기보존 또는 자기보호를 위해 사회적 맥락에서 나타내는 대인관계적 움직임을 이해하는 데 유용하다. 움직임에는 물러서기, 다가가기, 대항하기 그리고 양가적인 것이 있다.

각각의 움직임에는 무의식적으로 추구하는 다양한 목표가 포함되어 있다. 예를 들어, 여러분은 초기 평가를 마친 후에 내담자가 타인에게 다가가는 의존성 패턴을 보인다고 판단할 수 있다. 타인에게 다가가는 그들의 움직임은 항상 타인의 요구를 우선시하고, 인정받고 사랑받는다고 느끼기 위해 타인의 기분을 맞춰 주는 패턴을 반영한다. 이런 움직임은 패턴에 따라 적극적이기도 하고 수동적이기도 하다.

3단계: 유발요인을 구체화하고 유지요인을 탐색한다.

3단계에서는 호소문제와 내담자의 패턴을 설명하는 데 가장 도움이 되는 유발요인을 구체화한다. 설명력은 임상적 공식화가 설득력 있고 유발요인을 명확하게 반영한 정도를 뜻한다. 유발요인은 "왜 이런 일이 일어났는가?"라는 질문에 대한 답이고, 1단계의 호소문제와 2단계의 패턴 역동의 영향에 대한 가설과 설명을 제공한다. 따라서 유발요인 진술문은 적응적 또는 부적응적 기능을 촉진하는 역동을 연결해 작성한다. 이 책에서는 생리심리사회적 공식화를 강조하지만, 이 단계에서 여러분이 원하는 이론을 가져와 적용할 수 있다.

유지요인은 문제가 되는 패턴과 호소증상을 유지하고 강화하는 요인이다. 유지요인은 불 위에 던져지는 연료처럼 문제가 되는 호소문제를 유지하거나 악화시킨다. 예를 들어, 발목이 삐었을 때 의사가 "무엇이 통증을 더 악화시키나요?"라고 묻는다면, 여러분은 걸으면 더 나빠진다고 답할 것이다. 그러면 의사는 목발을 사용하고 당분간 발목에 압력을 주지 말라고 할 것이다. 이 단계에서 우리는 환경, 관계 및 대인관계 역동에서 내담자의 문제를 유지하는 것이 무엇인지 탐색한다. 예를 들면, 불안은 종종 카페인 섭취로 유지될 수 있고, 우울 증상은 보통 대인관계의 회피 또는 경험의 회피로 유지된다.

4단계: 문화적 공식화를 구체화한다. 문화적 요인 또는 성격적 요인의 우세 여부와 문화적으로 민감한 상담의 필요 여부를 판단한다.

8단계 전략 중 4단계는 문화적 요인과 문화적 공식화로 구성된다. 이 공식화는 간편 사례개념화에서는 유발요인에 관한 진술문에 짧게 언급되지만, 전체 사례개념화에서는 완전히 독립되어 제시된다. 이 단계에서 문화적 요인이 내담자에 미치는 영향을 설명하고, "문화는 어떤 역할을 하는가?"라는 질문의 답을 제시한다. 문화적 공식화에서는 내담자의 문화적 정체성을 평가하고 확인하며, 내담자의 문화적응 수준 또는 문화적 스트레스 요인의 경험을 탐색하고, 호소문제에 대한 문화적 설명을 평가하고, 문화적 요인 대 성격적 요인이 호소문제에 미치는 영향을 확인하며, 문화적으로 민감한 상담의 필요성을 결정한다. 사례개념화에서 이런 정보를 통합하면 상담자가 내담자의 개인적 대처와 사회적 자원을 더 잘 이해할 수 있고, 내담자의 고통과 괴로움의 원인이 되는 다양한 문화적 문제를 탐색하는 데 도움이 된다(Hayes, 2016; Ridley & Kelly, 2007).

문화적 정체성

상담자는 내담자의 문화적 정체성, 즉 특정 문화집단의 구성원으로 정의되는 소속감에 대한 정보를 탐색한다. 이런 정체성에는 내담자의 원래 민족집단, 국적 또는 주류 문화에 관계없이 내담자의 주관적인 자기평가와 특정 집단에 대한 소속감이 포함된다.

문화적응 스트레스

다른 문화에 적응하는 것은 많은 사람에게 문제가 되고 스트레스가 될 수 있다. 문화적응이란 자신의 출신 문화에서 다른 문화로 적응하는 과정을 말한다. 이 과정에서 개인이 스트레스를 받게 되면, 일상의 기능에 상당한 어려움을 초래할 수 있다.

문화적 스트레스

문화적 스트레스는 특정 문화집단에서 개인을 힘들게 하는 모든 문화적 어려움을 말한다. 스트레스 요인의 몇 가지 예를 들면 미세한 공격, 차별, 인종 차별 또는 인종적인 이유로 행해지는 직장 내 괴롭힘(집단 따돌림)이 있다.

설명 모형

내담자가 자신이 문제를 겪거나 걱정하는 이유에 대해 이해하고 설명하는 것은 평가에 유용하다. 이는 호소문제에 대한 내담자의 개념화이다. 상담자는 일상적으로 설명 모형, 즉 불운, 신의 처벌, 뇌의 화학적 불균형 등과 같이 자신의 고통, 질환, 장애의 원인에 관한 내담자의 신념을 탐색해야 한다. 이런 문제는 종종 문제나 증상을 다루는 방법에 대한 내담자의 기대에 영향을 미칠 수 있는 문화적 · 사회적 영향력이 있다.

문화 대 성격

문화적 역동을 개념화할 때 또 고려해야 하는 것은 문화적 역동과 성격 역동이 호소문제에 미치는 영향과 그 정도를 파악하는 것이다. 예를 들면, 상담자는 내담자가 큰 문화적응 스트레스를 호소하지만, 꽤 건강한 성격 구조를 갖고 있다고 평가할 수 있다. 이런 평가를 바탕으로 상담자는 내담자가 90%는 문화적인 영향을 빋고, 10% 정도는 성격요인의 영향을 받는다고 설명한다. 내담자가 심각한 문화적 스트레스 요인과 동반되는 성격장애 진단을 받았다면 그 비율이 55:45일 수 있다.

또한 상담자는 문화적으로 민감한 상담이 필요한지 여부를 결정해야 한다.

5단계: 내담자의 관련 보호요인 및 강점을 탐색한다.

강점과 보호요인은 상담 과정을 평가하고 통합하는 핵심 요인으로, 전체 사례개념화의 5단계를 구성하고 있다. 이 단계에서는 강점과 보호요인을 탐색하고, 이를 상담 과정에 어떻게 반영할 것인지 보여 준다. 강점과 보호요인은 내담자의 결핍과 위험요인의 영향을 '중화'해 준다.

보호요인은 위험에 노출되어도 긍정적인 결과가 나타날 가능성을 높이고 부정적인 결과가 나타날 가능성은 낮추는 조건이나 요인을 의미한다(Substance Abuse and Mental Health Services Administration, 2019). 위험요인은 긍정적인 결과가 나타날 가능성은 낮추고 부정적인 결과나 바람직하지 않은 결과가 나타날 가능성이 높은 조건이나 요인이다. 다음은 보호요인의 예이다. 이는 내담자의 이야기를 경청하고, 내담자에게 강점과 과거의 성공에 대해 신중하게 질문함으로써 평가할 수 있다.

보호요인의 예

- 높은 수준의 변화 준비도
- 개인의 심리적 회복탄력성 또는 부모의 회복탄력성 이력
- 자기효능감(변화를 가져올 수 있는 자신의 능력에 대한 믿음)
- 자기통제(하나의 행동을 바꾸고 충동을 억제하는 능력)
- 한 명 이상의 개인과 안전한 애착 또는 비교적 안전한 애착 형성
- 금연처럼 생활양식의 변화에 성공한 과거 이력
- 성장하면서 가장 친한 친구가 있는 것
- 사회적 지원을 연결하고 사용할 수 있는 능력
- 문제를 완화할 수 있는 자원에 대한 접근(예: 푸드뱅크)
- 외부 요인: 변화를 촉진할 수 있는 정책 및 절차[예: 「미국장애복지법(ADA)」]

위험요인의 예는 대부분 보호요인과 반대이다. 이에는 학대, 특히 성적 학대의 초기 경험, 방치 및/또는 유기의 초기 경험, 상실, 특히 부모 상실에 대한 초기 경험, 지나치게 비판적이거나 까탈스러운 부모 또는 양육자, 조기 정신과 진단 이력 및/또는 물질중독 또는 행동중독 이력, 여러 위탁시설에 맡겨짐, 사회적 지지 체계의 부재가 있다. 상담 과정에 보호요인을 포함시켜 위험요인이 미치는 영향을 줄인다.

6단계: 상담목표를 설정한다[1차 목표(증상) 및 2차 목표(적응적 패턴)].

6단계에서 상담자는 내담자의 증상을 줄이고, 심리사회적 기능을 개선하며, 내담자가 부적응 패턴에서 적응적 패턴으로 바꾸도록 돕기 위한 상담목표를 설정한다. 상담목표는 상담개입을 계획하고 상담의 얼개를 짜는 청사진 역할을 한다. 결과적으로 6단계와 7단계는 "어떻게 바꿀 것인가?"라는 질문에 대한 답이다. 상담목표는 단기 상담 성과와 장기 상담 성과를 명시한다. 증상 감소(1차 목표)와 내담자의 적응적 패턴 촉신하기(2차 목표)는 매우 효과적인 상담을 하는 데 있어 중요한 단계이다. 이런 상담목표는 간편 사례개념화와 전체 사례개념화 둘 다에서 중요하다. 내담자와 협력하여 사례개념화 과정에서 상담목표를 설정할 수 있다.

최근까지 상담자들은 주로 급성 상담(즉, 1차 변화 목표)에 초점을 두었는데, 대부분의 보험사들이 기저 상태(즉, 2차 치료 목표 또는 패턴 변화)에 대한 지속적인 치료의 보장을 거부했기 때문이다. Wit 대 연방행동건강(UBH) 소송사건에서 UBH에 대한 연방 지방법원의 획기적인 판결이 이를 변화시켰다(Appelbaum & Parks, 2020). 법원은 UBH의 보상 정책이 「정신건강평등법」을 위반했으며, 일반적으로 허용되는 치료 기준을 따르는 경우 2차 치료 목표를 보상해야 한다고 판결했다.

7단계: 상담개입을 구체화한다.

어떤 상담개입과 전략이 내담자가 상담목표를 향해 나아가는 데 도움이 될까? 이 질문에 대한 답을 이 책에서 자세하게 제시하지 않겠지만, 우리는 생리심리사회적 관점에서 상담개입 공식화를 설명하기 위한 여러 사례를 보여 줄 것이다. 7단계에서는 내담자의 요구와 기대에 맞게 상담을 맞춤화하는 데 도움이 되는 양식을 제공한다. 적절한 상담개입을 구체화하는 것은 사례개념화 과정에서 가장 어려운 단계이다. 7단계에는 내담자의 증상을 줄이고 부적응 패턴을 보다 적응적 패턴으로 바꾸는 데 도움이 되는 상담계획을 세우고 그에 맞는 상담개입을 찾는 것이 포함된다. 이런 상담개입은 1차 변화 목표와 2차 변화 목표에 맞게 조정되어야 한다. 구체적인 기법은 내담자의 호소문제, 패턴, 상담 기대, 문화적 역동에 맞춰 조정된다. 상담목표는 평가 과정과 상담에서 내담자가 진술한 목표에서 도출한다.

우리는 다음의 간단한 표를 활용해 구체적인 호소문제와 확인된 목표에 따라 상담을 맞춤화할 것을 권한다. 세 개의 열로 구성된 이 표는 모든 호소문제와 패턴 역동을 다루는 양식을 제공하고 있다. 이 표는 이 장과 4, 5, 7장의 사례개념화 활동지에 나온다.

호소문제	목표	상담개입
만성 불안	불안 감소	마음챙김에 대한 심리교육과 마음챙김 기술 교육
의존성 패턴	능력과 독립심 증가	인지 및 행동 대체, 역할극, 치료적 은유 사용

상담에 대한 내담자의 동기와 준비도에 관해서는 범이론적 모형(Prochaska et al., 1992)이 유용하다. 내담자는 일반적으로 5단계의 변화 중 어느 하나를 반영하는 다양한 수준의 준비도를 보인다. 변화 단계는 전숙고 단계, 숙고 단계, 준비 단계, 실행 단계, 유지 단계이다. 이런 단계를 통한 진행은 반드시 직선적인 과정이 아니며, 오히려 내담자는 상담이 진행되는 동안 여러 단계를 왔다 갔다 한다. 다음은 변화 단계의 예이다(Prochaska et al., 1992).

전숙고 단계	내담자는 자신의 행동이 문제가 된다고 생각하지 않으며, 어떤 변화를 만들려는 생각이 없다.
숙고 단계	내담자는 자신의 행동이 문제가 될 수도 있다고 생각하지만, 현재로서는 어떠한 변화에도 관심이 없다.
준비 단계	내담자는 행동을 바꾸기로 약속하고 가까운 미래에 변화를 이룰 작정이다. 내담자는 이 단계에서 변화를 향한 분명한 조치를 취할 수 있다.
실행 단계	내담자는 적극적으로 변화를 만들며, 상담 이전의 행동/사고 패턴으로 되돌아가지 않는다.
유지 단계	내담자는 6개월 이상 계속 변화를 유지하고 있다.

특히 전숙고 단계에 있는 사람은 일반적으로 확인된 문제를 문제로 보지 않으며, 삶에 큰 변화를 일으키고 싶어 하지도 않는다. 이에 해당하는 대표적인 예는 중독문제를 다루는 데 관심이 없는 사람

또는 성격장애가 있는 사람이다. 그들은 변화가 필요하지 않다거나 시간이 너무 많이 걸린다거나 관심 사항이 아니라는 다양한 이유를 대면서 자신의 삶에 변화가 일어나는 것을 싫어한다. 한편, 변화의 준비 단계에 있는 사람은 그들의 삶에서 변화를 어떻게 실행할 것인지에 대한 구체적인 계획과 생각을 갖고 상담에 임하며, 그 과정을 통해 상담자가 그들을 지지해 주고 도와주기를 바란다. 따라서 상담은 내담자가 보여 주는 변화 단계에 맞춰 이루어져야 한다.

8단계: 상담의 장애요인과 도전과제 및 변화 촉진요인을 구체화한다.

1차 및 2차 목표와 해당 상담개입을 구체화한 다음엔 적응적 변화를 달성하고 유지하는 데 예상되는 장애요인과 촉진요인을 구체화해야 한다. 이 단계에서 가장 중요한 것은 상담목표를 달성하는 데 방해가 될 수 있는 도전과제와 장애요인을 예측하는 것이다. 우리는 상담의 시작부터 종결까지 상담 과정 동안 이런 도전과제를 예상하는 능력을 예측력이라고 한다.

상담자는 있을 수 있는 장애요인과 도전과제뿐만 아니라 그런 요인들에 대처하는 촉진요인도 구체화해야 한다. 효과적인 사례개념화의 진정한 시험은 사례개념화의 예측력 정도에 달려 있다. 즉, 상담 과정에서 발생할 가능성이 가장 높은 장애요인을 예측하는 능력과 그런 장애요인이 발생했을 때 상담자가 이를 알아채고 대응하는 방법을 예상하는 것에 달려 있다. 조기종결은 상담의 장애요인이 상담 과정에 부정적인 영향을 미칠 때 일어나기 쉽다. 상담자가 이런 장애요인을 예측하고 장애요인을 통과하는 방법을 알고 있다면,

상담 성과는 향상되고 치료적 동맹은 더 좋아질 것이다.

여기에서의 핵심은 장애요인이 종종 내담자의 성격유형에 따라 나타나는 부적응 패턴과 연결된다는 점이다. 예를 들어, 회피성 패턴을 가진 내담자는 개인적인 문제를 이야기하는 것을 어려워하고, 심지어 상담자가 실제로 자신을 비난하거나 부정적으로 평가하는지 확인하기 위해 상담에 지각하거나 약속을 취소함으로써 상담자를 시험하기도 한다. 상담 장애요인의 또 다른 예는 상담에서 내담자의 변화 준비도가 낮은 경우이다. 따라서 예측요인을 포함하는 사례개념화는 높은 수준의 예측력이 있을 것이다. 이는 상담자가 그런 장애요인을 효과적으로 예측하고 다룰 수 있다는 것을 의미하며, 또한 더 많은 정보를 바탕으로 상담 결정을 내리고 더 정확한 예후를 구체화할 수 있다.

예를 들어, 상담 초기에 다양한 패턴을 가진 내담자는 안전과 신뢰, 라포가 형성될 때까지 계속 상담을 저해하는 행동을 할 수 있다. 여덟 가지 패턴 각각에 대한 상담 도전과제는 2장에 표로 제시되어 있다. 이 표에는 참여, 전이, 역전이, 상담 과정, 종결이라는 구체적인 행동지표가 포함되어 있으니 이를 참고하기를 바란다.

전체 사례개념화 구상 및 작성

Shana의 사례

Shana의 사례를 통해 간편 사례개념화와 전체 사례개념화의 차

이를 보여 주고자 한다. 먼저 Shana에 대한 배경 정보를 제공하고, 그다음 전체 사례개념화 활동지를 제시하고, Shana의 전체 사례개념화 서술형 진술문이 이어질 것이다.

배경

Shana는 아프리카계 미국인 혈통의 41세 여성이다. 그녀는 거주형 정신과 시설에서 야간 경비원으로 일하고 있다. 그녀는 미혼이고 혼자 살고 있는데, 우울한 기분이 3주 동안 지속되어 평가와 상담을 받아 보라고 직장 상사가 의뢰했다. 다른 증상으로는 의욕 상실, 한때 즐겼던 활동에 대한 현저한 관심 감소, 불면증, 소극적 자살 충동, 집중력 저하, 사회적 고립 증가가 있다.

Shana는 열흘이나 직장에 출근하지 않아 의뢰되었다. 최근 10년간 Shana의 상사였던 Rebecca는 폐암 치료를 계속하기 위해 다음 달에 퇴직하며, 회사에서 자신의 후임자를 고용할 거라고 그녀에게 알렸다. Rebecca와 Shana는 직장을 벗어나서는 친한 친구였기 때문에 이 소식은 Shana를 불안하게 만들었다. Shana에게 더 걱정스러운 점은 약 3년 전에 그녀를 (직장에서) 모욕하고 괴롭힌 동료가 Rebecca의 후임자로 올 가능성이 있다는 것이었다. Shana는 자신이 하는 일을 좋아하는데, 학대적이고 비난적인 상사를 피하기 위해 직장을 그만둬야 하는 건 아닌지 걱정된다고 말했다.

Shana는 부모님과 언니가 있다고 했다. 부모님은 언니를 편애했고, 그래서 언니는 버릇이 없고 제멋대로라고 했으며, 자신은 부모님에게 비난을 받고 또래와 언니에게 놀림을 받았다고 회상했다. 그녀는 수년 동안 부모나 언니와 거의 연락을 하지 않고 있으며, 장

기간 연애하거나 결혼한 적이 없고, 고등학교를 졸업한 이후로 같은 회사에서 일해 왔다고 했다. 그녀는 항상 타인을 신뢰하는 데 어려움을 겪었고, Rebecca가 그녀가 신뢰하는 유일한 친구라고 했다. Shana의 사회 관계망은 매우 작고, 그녀는 “아는 사람이 적으면 삶이 더 편안하기” 때문에 친밀함을 피한다고 말했다. Shana는 아버지를 정서적으로 소원하며 까탈스러운 사람이라고 묘사했다. 아버지는 3년 전 회사의 규모가 축소되어 조기 퇴직을 당할 때까지 28년간 선임 회계사로 일했다. 적극적인 침례교 신자인 가족들은 아버지의 ‘음주 문제’를 인정하지 않았다. 2년 전, 부모는 다른 주에 있는 은퇴자 마을로 이사했다. 어머니는 Shana에게 비난적이며 지지적이지 않고, 직장생활을 해 본 적이 없었다.

Shana는 자신의 우울한 기분이 뇌의 화학적 불균형과 암 치료를 계속 받기 위해 퇴직하는 친구이자 직장 상사에 대한 슬픔과 관련이 있다고 생각한다. Shana는 자신의 기분을 관리하고, 직장에 복귀하기 위해 상담을 하는 것에 매우 관심이 있다고 말했다. 그녀는 과거에 어떤 심리치료나 정신과 약물 치료는 받은 적이 없으며, 이번이 정신건강 전문가와의 첫 만남이라고 했다. Shana는 『정신질환의 진단 및 통계 편람 제5판』(DSM-5; APA, 2013)의 회피성 성격장애 및 주요 우울장애, 재발성, 중증의 기준에 해당한다.

전체 사례개념화 활동지

1. 호소문제와 촉발요인을 탐색하고 이들 간의 연결을 구체화한다.

호소문제: 사회적 고립감 및 우울 증상 증가

촉발요인: 친구인 직장 상사가 암 치료 때문에 퇴직한다는 소식

2. 내담자의 기본적 움직임과 목적을 탐색한 후, 짧고 간명하게 부적응 패턴을 기록한다.

(주된) 움직임: 타인과 관계를 맺는 것은 안전하지 않다고 여기기 때문에 감지되는 피해와 비난으로부터 자신을 보호하기 위해 물러서기

3. 자기-타인 도식을 포함하여 생리심리사회적 요인의 측면에서 부적응 패턴과 호소문제의 근원을 효과적으로 설명하는 유발요인을 탐색한다. 그다음 부적응 패턴과 호소문제를 유지하는 요인인 유지요인을 탐색한다.

생리적 요인: 아버지의 알코올 중독

-성격 패턴: 회피성

-자기관: "나는 취약하고 열등하다."

-타인관: "사람들은 비난적이고 안전하지 않다."

-부족한 기술: 주장 기술, 관계 기술, 대처 기술

사회적 요인-현재: 비난적이고 까탈스러운 사람을 피함, 그녀의 가장 친한 친구이자 직장 상사가 암 치료를 하기 위해 퇴직함

-과거: 까탈스럽고 비난적이며 정서적으로 도움을 주지 않는

부모, 알코올 중독자인 아버지, 놀리고 조롱하고 비난하는 또래들

유지요인: 혼자 사는 것, 소규모의 지지 체계, 낮은 자존감, 일반화된 회피

4. 문화적 정체성, 문화적응 수준, 문화적 스트레스, 설명 모형, 문화적 요인/성격요인의 우세 여부(문화 대 성격), 문화적으로 민감한 상담의 필요 여부를 포함하는 문화적 공식화를 구체화한다.

문화적 정체성: 민족적 유대가 제한된 중산층 아프리카계 미국인, 침례교 신앙

문화적응 스트레스: 문화적응 수준이 높고, 눈에 띄는 문화적응 스트레스는 없음

문화적 스트레스: 가족의 성 역할과 종교적 신념을 고려해야 함

설명 모형: 뇌의 화학적 불균형과 퇴직하는 Rebecca

문화 대 성격: 성격요인이 작용하지만 문화적으로 민감한 상담이 필요함, 여성상담자 배정

5. 내담자의 관련 보호요인 및 강점을 탐색한다.

보호요인: 도움을 구하도록 격려해 준 가깝고 신뢰할 수 있는 친구가 있음, 10년간 안정적이고 의미 있는 직업을 가지고 있음, 상담에 참여하려는 높은 동기

6. 상담목표를 설정한다[1차 목표(증상) 및 2차 목표(적응적 패턴)].

상담목표

1차 변화 목표: 우울 증상의 감소, 사회화 향상, 직장으로의 복귀

2차 변화 목표: 안전감을 느끼면서 타인과 가까워지기

7. 1차 및 2차 목표를 달성할 수 있는 관련 생리적 · 심리적 · 사회적 · 문화적 요인을 다루는 상담개입을 구체화한다.

상담개입: CBT/CBASP, 기술 훈련, 심리교육 집단, 약물치료 평가, 후임 상사 교체를 요구하기 위해 고용주와 협력, 직장 합의(ADA)를 통해 업무에 복귀

8. 내담자의 성격유형과 패턴, 변화 준비도, 가능성 있는 참여 및 종결 문제, 상담 순응도, 전이 및 역전이 문제를 기반으로 상담의 장애요인과 도전과제, 변화 촉진요인을 탐색한다.

상담의 장애요인: 상담자를 '시험'할 가능성, 집단상담에 저항할 가능성, 상담자에 대한 지나친 의존, 상담자에게 집착할 가능성과 종결의 어려움

문화적 상담: 성별이 문제가 될 수 있으므로 지지적인 여성 상담자 배정

호소문제/증상	목표	상담개입
우울한 기분	1: 우울한 기분 줄이기	약물치료와 함께 행동 활성화 사용, 부적응적 신념은 안내된 발견으로 다루기, 사고 자기관찰, 자동적 사고 기록으로 왜곡된 사고에 도전하기

출근 안 함	1: 업무 복귀	ADA 합의에 따라 내담자를 돕기 위해 회사의 인사부서에 연락하기
사회적 고립	1: 사회적 기술과 친교 기술의 향상	사회적 상황과 관련한 역할극 및 단계적 노출, 사회적 기술 및 친교 기술 훈련 집단에 의뢰, 개인상담은 내담자를 그런 훈련 집단으로 전환하는 데 유용함
회피성 패턴	2: 더 안전감을 느끼면서 타인과 가까워지도록 돕기	CBASP, 전이 재연 다루기, 예측 해석, 회피적 도식을 교정하기 위한 인지 재구성

1은 1차 변화 목표; 2는 2차 변화 목표.

전체 사례개념화 진술문

Shana의 증가된 사회적 고립감과 우울 증상(**호소문제**)은 그녀의 직장 상사인 친구가 암 치료 때문에 퇴직한다는 소식(**촉발요인**)에 대한 반응으로 보인다. 비난받고, 거부당하고, 안전하지 않다고 느껴지는 상황을 피하는 그녀의 이력을 고려해 보면 Shana는 가능하면 타인을 피하는 것이 더 안전하다는 것을 알게 되었고, 그 결과 주요 사회적 기술이 부족하고 사회관계망이 제한적이다(**패턴**). 생리적 요인에는 아버지의 알코올 중독 이력이 포함된다. 그녀의 반응과 패턴은 까탈스럽고 비난적이며 정서적으로 도움을 주지 않는 부모와 또래들의 놀림과 비난을 고려하면 이해할 수 있다. 그녀에게 드러난 문제들은 그녀의 핵심 신념의 결과로 이해할 수 있다. 그녀의 자기관에는 자신이 무능하고 타인의 부정적인 평가에 취약하다는 핵심 신념이 있다. 타인관은 사람들이 비난적이고 위험하고 안전하지 않다는 것이다. 그녀의 신념은 상황을 위협적이고 안전하지 않다고 인식하고, 안전감을 느끼기 위해 지속적으로 타인에게서 물러서는 회피성 패턴과 일치한다. 이런 회피성 패턴은 행동적으로 수줍음, 불신, 사회적 고립으로 나타나며, 이는 어릴 때부터 적극적인 의사소통, 대인관계 기술 및 대처 기술의 결핍을 초래한다. 그녀의 사회적 이력에는 비난적이고 정서적으로 도움을 주지 않는 부모, 또래의 놀림과 비난, 적응적 관계 기술의 학습을 제한하는 철회 반응과 회피 행동이 포함된다. 그녀는 사회적 지지 체계가 부족하고, 현재 직장 상사인 친구가 건강 문제로 퇴직하는 것에 대한 반응으로 깊은 낙담을 경험하고 있다(**유발요인**). 그녀의 부적응 패턴은 수줍음과 혼자 산다는 사실, 제한된 사회적 기술, 그리고 그녀가 찾아낸 사회적으로 고립되는 것이 더 안전하다는 사실에 의해 유지되고 있다(**유지요인**).

Shana는 자신을 중산층 아프리카계 미국인이라고 하지만, 아프리카계 미국인 공동체에는 관심도 없고 관여하지도 않는다(**문화적 정체성**). 그녀는 부모와 마찬가지로 높은 수준의 문화적응을 보이며, 문화적응 스트레스는 없다. Shana의 가족은 독실한 침례교 신앙을 가지고 있어서 아버지의 알코올 중독이 드러나는 것을 꺼렸다(**문화적 스트레스 및 문화적응 스트레스**). Shana는 자신의 우울증이 Rebecca에 대해 느끼는 낙담과 뇌의 "화학적 불균형" 때문이라고 생각한다(**설명 모형**). Shana는 유색 인종의 미혼 여성이라는 정체성을 가지고 있으며, 이것이 그녀가 살아오는 동안 억압에 직면하게 한 원인일 수 있으므로 더 자세히 탐색해야 한다. 상담의 이 단계에서 Shana의 현재 임상적 호소문제에 문화보다는 성격 역동이 더 우세하게 작용하는 것으로 보인다(**문화 대 성격**).

Shana는 상담에 참여하려는 동기가 높아 보인다. 그녀가 타인과 관계를 맺을 때 회피적인 유형이라는 점을 고려하면 이는 도움이 될 것이다. 그녀는 10년간 자신이 좋아하는 직업을 가지고 있었고 고등학교도 졸업했다. 또한 Rebecca는 그녀가 도움을 구하도록 격려해 준, 가깝고 믿을 수 있는 친구이다. Shana는 「미국장애복지법(ADA)」의 직장 합의에 대한 권리가 있다. 활용할 수 있는 자원과 상담을 통해 도움을 받으려는 그녀의 동기로 볼 때, 그녀는 약간의 노력과 정신건강 전문가와의 협력을 통해 상담의 도움을 받을 수 있을 것이다(**보호요인 및 강점**).

1차 상담목표는 우울 증상의 감소, 대인관계 및 친교 기술의 향상, 업무 복귀, 사회적 관계의 증가이다. 2차 목표는 Shana가 더 효과적으로 기능하고, 관계를 맺을 때 더 안전하다고 느끼는 것이다(**상담목표**). 구체적인 상담개입에는 약물치료, 지원, 대체, 기술 훈련이 포함된다. 우선 우울 증상을 줄이는 것은 약물 치료, 지지, 행동 활성화를 통해 이루어질 것인데, 이는 그녀가 일상적인 일과 맡은 책임을 완수할 수 있도록 충분한 활력을 북돋우기 위해서이다. 다음으로, 인지 및 행동 대체 개입은 타인의 거부에 대한 민감성과 타인으로부터의 고립을 다루는 데 사용될 것이다. 그런 다음 적극적인 의사소통과 친교 기술을 강조하는 집단상담에서 사회적 기술 훈련을 받을 것이다. 상담에서 약물치료는 (클리닉 정신과 의사의 자문을 받아) 그녀의 주치의가 관리하고, 인지 및 행동 대체는 개인상담으로 즉시 시작할 것이다. 끝으로, Shana는 「미국장애복지법(ADA)」에 따라 심신장애인 자격이 되므로 인사담당 책임자와 협력하여 직무 조정을 해야 할 것이다. Shana에게 일이 매우 중요하다는 점을 고려할 때 업무 복귀는 상담에서 매우 중요한 부분이다. 그녀가 업무에 복귀해 다른 상사에게 보고하도록 하는 것은 직무 조정으로 가능할 것이다(**상담개입**).

상담에 대한 몇 가지 장애요인과 도전과제를 예상할 수 있다. 그녀의 회피적인 성격 구조로 볼 때 양가적 저항이 있을 가능성이 높다. 그녀는 상담자에게 개인적인 문제를 이야기하는 것을 어려워하고, 막판에 약속을 바꾸거나 취소하고, 지각하고, 미루고, 감정을 피하여 상담자가 그녀를 비난하도록 도발하고 '시험'하려 들고, 상담자의 신뢰성을 '검증'하려 할 것으로 예상된다. 일단 상담자에 대한 신뢰가 형성되면, 상담자와 상담에 의존할 가능성이 있으며, 상담 외의 사회적 지지 체계가 증가하지 않는 한 종결이 어려울 수 있다. 따라서 수용적이고 비판단적인 집단상담자와 여러 번 만나도록 하여 개인상담에서 집단상담으로 전환할 수 있도록 해야 한다. 이는 Shana가 안전하다고 느끼는 데 도움이 되어 집단 상황에서 조금 더 쉽게 자기노출을 할 수 있을 것이다. 전이 재연도 고려해야 한다. 부모와 또래의 비난과 놀림의 정도를 감안해 볼 때, 상담자가 조급해하고 언어적 · 비언어적으로 비난의 징후를 보이면 이러한 전이가 활성화할 것으로 예상된다. 마지막으로, 그녀는 신뢰하는 사람에게 집착하는 경향이 있으므로, 종결을 앞둔 마지막 4~5회기는 더 독립적으로 기능하는 데 자신감을 높여야 종결에 대한 양가감정을 줄일 수 있다(**상담의 도전과제**). 지금은 상담 과정에 문화적 개입 또는 문화적으로 민감한 개입이 필요치 않은 것으로 보인다. 그러나 알코올 중독인 아버지와의 긴장된 관계와 그 후 남성과의 제한된 관계를 고려하면, 성별 역동이 치료적 관계에 영향을 미칠 수 있다. 따라서 상담의 초기단계에는 개인상담과 집단상담 모두 여성 상담자가 하는 것이 바람직해 보인다(**문화적 상담**).

Shana의 전체 사례개념화의 임상적 가치

보호요인을 알아내 상담 과정에 통합하지 못하면 상담 성과에 부정적인 영향을 미칠 수 있다. 실제로 Shana는 「미국장애복지법(ADA)」에 따라 직무조정을 받을 자격이 있고, 여전히 연락하는 가깝고 신뢰할 수 있는 친구가 있다. 이 두 가지 요인을 상담에 통합하면, 그녀는 매우 긍정적인 예후를 보일 것이다. 이런 보호요인을 통합하지 않으면, Shana가 업무에 복귀하지 못할 수도 있고, 결국 100% 사회보장 장애수당을 받을 자격을 상실할 수도 있다. 가족의 성 역할과 다양한 상담의 장애요인 같은 문화적 요인을 구체화하는 것도 성공적인 상담 성과의 가능성을 높인다.

Mary의 사례

배경

Mary는 36세의 백인이고, 시스젠더 여성이며, 순회공연을 하는 성공한 록 밴드의 리드 싱어이나. Mary는 가까운 친구에게 자신이 손목을 살짝 그었으며 여자 친구인 Erin과 다시 만나지 못하면 아파트에서 뛰어내릴 거라고 알린 후 병원에 입원했고 상담을 받게 되었다. 그녀는 2년 동안 Erin과 사귀었는데, 그 관계를 혼란스럽고 "중독처럼 우리는 서로를 혐오하면서도 여전히 많이 사랑하고 있고, 서로에 대해 통제하지도 못한다."라고 묘사했다. Erin이 Mary와의 관계를 끝내자 이틀 후 Mary는 손목을 그었고, 친구에게 자살 의도를 알렸다. 그녀는 죽을 작정은 아니었다고 말했지만, 오랫동안 자해와 자살에 대해 생각했다고 이야기했다. 또한 그녀는 우울한 기분을 인정하고, 자신이 쓸모없고 공허하게 느껴지며, Erin에게 버림받았다고 말했다.

Mary는 네 곳의 각기 다른 위탁 가정에서 자랐고, 환영받지 못하고 사랑스럽지 않다는 느낌을 받았으며, 생모처럼 될까 봐 두렵다고 했다. 그녀의 생모는 젊은 시절 헤로인 중독과 양극성 장애로 고생했고, 태어난 지 3주 된 Mary를 위탁 가정으로 보냈으며, Mary가 다섯 살 때 약물 과다복용으로 사망했다. Mary는 군사기지 안에 있는 여러 가족에게 입양되어 자주 이사를 다녔기 때문에 어렸을 때 친구를 사귀기가 어려웠다. 그녀는 위탁 가정에서 세 번의 성적 학대를 받았고 열두 살 때는 양부모에게 성폭행을 당하기도 했다. 또한 그녀는 자신을 입양한 두 가족이 정서적으로 매우 학대하고 방치했다고 이야기했다.

그녀는 어렸을 때 학교에서 공부를 잘했고, 피아노에 매우 재능이 있었다. 그녀의 음악적 재능은 그녀를 국제적으로 인정받는 록 밴드의 리드 싱어가 되도록 이끌었다. 그녀는 매우 재능 있는 가수이자 음악가였지만, 밴드 동료들은 그녀와 함께 일하는 것이 매우 힘들다고 했다. 그녀는 자주 격렬하게 화를 내고, 친밀한 관계에서 갈등이 생기면 종종 밴드 리허설에 나타나지 않았고, 밴드 동료들과도 자주 갈등을 겪는다고 했다. 밴드 동료들과 절친한 친구들은 그녀를 "몹시 애정에 굶주려 있고, 그녀가 지지받고자 하는 방식으로 우리가 지지하지 않으면 공격적"이라고 표현했다. 그녀의 대인관계에 문제가 있다는 또 다른 증거는 지난 10년 동안 이혼을 세 번 했다는 점이다. 그녀는 고등학생 때 동성애자라는 이유로 여러 번 차별을 받았지만, 항상 자신의 성적 취향을 편안하게 느꼈고 성인이 되어서는 어려움을 겪지 않았다고 말했다.

그녀는 5년 동안 알코올을 남용했으나 28세 때 입원해 약물 치료를 받았고, 지금까지 술을 마시지 않고 있으며, 치료를 마친 후에도 꾸준히 12단계 단주 모임에 참석하고 있다고 했다. 그녀는 현재의 자신을 "성실하고 열정적이고 충동적이며 지나치게 감정적인 사람"이라고 표현했다. Mary는 살아오는 내내 우울한 기분과 기분의 극적인 변화를 경험했다고 했지만, 면담을 한 상담자는 양극성 장애를 배제했다. 그녀는 자진해서 상담을 받기로 했어도 이전에 받은 상담에서 그녀는 자신이 애정을 과하게 바라는 것처럼 느껴지고 더 좋아질 것 같지 않아서 2, 3회기 만에 빨리 중단했기 때문에 그다지 도움이 되지 않았다고 했다. 그녀는 상담에 임하는 동기가 1~10점 척도에서 현재 5점인 것 같다고 했다. 상담자는 Mary가 DSM-5(APA, 2013)의 경계성 성격장애 진단 기준을 충족한다고 했다.

전체 사례개념화 활동지

1. 호소문제와 촉발요인을 탐색하고 이들 간의 연결을 구체화한다.

   호소문제: 우울 증상, 자해, 심각한 관계갈등

   촉발요인: 여자 친구가 그들의 관계를 끝낸 후 버림받은 느낌

2. 내담자의 기본적 움직임과 목적을 탐색한 후, 짧고 간명하게 부적응 패턴을 기록한다.

   움직임: 친밀함에 대한 비현실적인 요구로 타인을 떠나게 함

3. 자기-타인 도식을 포함하여 생리심리사회적 요인의 측면에서 부적응 패턴과 호소문제의 근원을 효과적으로 설명하는 유발요인을 탐색한다. 그다음 부적응 패턴과 호소문제를 유지하는 요인인 유지요인을 탐색한다.

생리적 요인: 생모의 중독 및 양극성 장애 병력

심리적 요인-성격 패턴: 경계성

-자기관: "나는 쓸모없고, 공허하며, 길을 잃었다."

-타인관: "타인은 일관성 없고, 최고 아니면 최악이고, 해롭다."

-부족한 기술: 감정 조절, 갈등 조정

사회적 요인-현재: 최근의 결별, 밴드 동료들과의 갈등

-과거: 성적 · 정서적 학대, 혼란스러운 어린 시절, 여러 입양 가족들과의 생활

유지요인: 충동적이고 혼란스러운 관계, 쉽게 조절되지 않음

4. 문화적 정체성, 문화적응 수준, 문화적 스트레스, 설명 모형, 문화적 요인/성격요인의 우세 여부(문화 대 성격), 문화적으로 민감한 상담의 필요 여부를 포함하는 문화적 공식화를 구체화한다.

문화적 정체성: 중산층, 백인, 시스젠더 여성, 동성애자, 12단계 단주모형을 지지함

문화적응 스트레스: 문화적응 수준이 매우 높음

문화적 스트레스: 명백한 문화적 스트레스는 없지만, 예전에 차별받음

설명 모형: 자신의 혼란스러운 과거와 트라우마가 현재의 증상에 영향을 미친다고 생각함

문화 대 성격: 성격요인과 문화적 요인이 모두 작용함

5. 내담자의 관련 보호요인 및 강점을 탐색한다.

보호요인: 효과적으로 금주를 유지함, 열심히 일함, 재능 있고 성공한 음악가

6. 상담목표를 설정한다[1차 목표(증상) 및 2차 목표(적응적 패턴)].

상담목표

1차 변화 목표: 우울 증상 및 자해의 감소, 감정 조절의 향상

2차 변화 목표: 감정 조절 향상, 친밀감에 대해 보다 합리적인 기대 갖기

7. 1차 및 2차 목표를 달성할 수 있는 관련 생리적 · 심리적 · 사회적 · 문화적 요인을 다루는 상담개입을 구체화한다.

상담개입: 인지 재구조화, 마음챙김 연습, 안전 계획, 사고 기록 및 역할극, 변증법적 행동치료(DBT) 기술 훈련: 감정 조절, 대인관계 효율성, 고통 감내

문화적으로 민감한 상담개입: 동성애 긍정 심리치료가 필수적임

8. 내담자의 성격유형과 패턴, 변화 준비도, 가능성 있는 참여 및 종결 문제, 상담 순응도, 전이 및 역전이 문제를 기반으로 상담의 장애요인과 도전과제, 변화 촉진요인을 탐색한다.

상담의 장애요인: 자해 및 자살, 필요한 변화를 하기보다 기분이 좋아지는 것에 초점을 두고 싶어 할 수 있음, 버림받는 것에 대한 민감함을 감안하여 상담의 종결은 전략적이고 지지적이어야 함, 변화의 숙고 단계에 있으므로

동기부여 면담을 활용할 것임

문화적 상담: 동성애 긍정 심리치료가 필수적임

호소문제/증상	목표	상담개입
우울 증상	1: 우울 증상의 감소	인지 재구성 및 마음챙김
자해	1: 자해 성향 줄이기, 감정 조절 향상하기	DBT 기술 활동지 및 안전 계획
만성적인 관계 갈등	1: 관계 기능의 향상	사고 기록, 역할극, 자기주장 기술 훈련
경계성 패턴	2: 감정을 더 잘 조절하고 친밀함에 대해 보다 합리적인 기대하기	DBT 기술: 마음챙김, 대인관계 효율성, 감정 조절, 고통 감내

1은 1차 변화 목표; 2는 2차 변화 목표.

전체 사례개념화 진술문

Mary의 우울 증상과 자해, 심각한 관계갈등(**호소문제**)은 여자 친구와의 결별로 인해 최근에 더욱 악화되었다(**촉발요인**). 그녀는 버림받음을 감지하거나 실제적으로 버려지는 것을 피하기 위해 비현실적인 친밀감을 요구하여 타인이 떠나게 만든다(**패턴**). Mary는 생모가 약물 중독과 양극성 장애로 고생했기 때문에 생리적으로 정신질환에 취약할 수 있다. Mary에게 드러난 문제들은 생모에게 버려져 여러 위탁 가정을 전전하며, 정서적, 성적으로 학대받은 혼란스럽고 충격적인 어린 시절을 고려하면 이해할 수 있다. 이런 경험은 자신과 타인 및 세상에 대한 그녀의 핵심 신념에 영향을 미쳤으며, 경계성 성격 패턴을 촉진했다. 그녀의 자기관은 "나는 쓸모없고 공허하며 길을 잃었다."라는 신념을 포함하고 있다. 타인관은 "타인은 일관성이 없고, 최고 아니면 최악이고, 해롭다."라는 것이다. 그녀는 감정 조절 및 갈등 중재의 기술이 부족하다. Mary의 사회적 이력에는 학대하고, 무시하고, 일관성 없는 부모상이 포함되어 있으며, 그녀의 현재 사회적 기능은 밴드 동료와의 지속적인 갈등, 전 여자 친구와의 잦은 관계 불안정성으로 특징지을 수 있다(**유발요인**). 그녀의 호소문제와 패턴을 유지하는 요인은 충동성, 불안정한 관계, 쉽게 조절되지 않는 성향이다(**유지요인**).

Mary는 중산층의 백인인 시스젠더 여성이고, 동성애자이다(**문화적 정체성**). Mary는 문화적응 수준이 높고(**문화적응 스트레스**), 고등학교 때 차별을 받은 경험이 몇 번 있다고 했다(**문화적 스트레스**). 그녀는 자신의 혼란스러운 과거와 트라우마가 현재의 어려움에 영향을 미쳤다고 생각한다(**설명 모형**). 그녀의 현재 호소문제는 문화 역동에 크게 영향받지 않는 것으로 보이며, 주로 그녀의 성격 역동과 전반적인 관계 기능에 초점을 맞춰야 할 것이다(**문화 대 성격**).

Mary에게는 트라우마와 학대적 관계에 대한 중요한 이력이 있지만, 상담에 통합할 수 있는 여러 보호요인과 강점도 가지고 있다. 그녀는 28세에 집중적인 약물사용 치료 과정을 마친 이후 효과적으로 단주를 유지하고 있다. 그녀는 12단계 단주 모임과 밴드 동료들에게서 사회적 지지를 받고 있다. 또한 그녀는 노력의 결과로 상당한 성공을 거둔 매우 성실한 음악가이다. 상담자는 음악치료를 통합하고, Mary가 단주 상태를 유지하고 성공적인 음악가로 남을 수 있도록 현재 실행 가능한 행동을 탐색할 것이다(**보호요인 및 강점**). 1차 상담목표는 우울 증상을 줄이고, 자해 행동을 줄이며, 감정 조절을 향상하는 것이다. 2차 변화 목표는 그녀가 친밀감에 대해 보다 합리적인 기대를 갖도록 돕고, 정서 조절 능력을 향상하는 것이다(**상담목표**). 이런 목표는 인지 재구성, 마음챙김 연습, 안전 계획, 사고 기록 및 역할극을 통해 이룰 것이다. 변증법적 행동치료(DBT) 기술 훈련으로 정서 조절, 대인관계 효율성 및 고통 감내 기술을 소개할 것이다(**상담개입**).

상담에 대한 몇 가지 장애요인과 도전과제를 예상할 수 있다. 그녀의 경계성 패턴을 고려해 볼 때, 그녀는 상담자에 대한 이상화와 폄하를 왔다 갔다 할 것이다. 자해 및 자살 시도가 계속될 것으로 예상되므로, 상담자는 안전 계획을 세우고 Mary와 상담 계약을 맺을 것이다. 또한 Mary는 필요한 변화를 하기보다 기분이 좋아지는 것에 초점을 두고 싶어 할 수 있으므로, 치료적 직면과 적극적인 대처를 강조할 것이다. 그녀가 버림받는 것에 민감하다는 것을 고려하면 종결이 어려울 수 있고, 종결 날짜를 연장하려는 행동을 할 수 있으므로 종결에 대한 감정을 처리하고 다룰 수 있는 충분한 시간을 가져야 한다(**상담의 장애요인**). 전이 재연을 피하기 위해 명확한 경계를 설정하고, 상담자에 대한 현실적인 기대와 예측 해석을 설정하면 상담의 장애요인을 줄이는 데 도움이 될 것이다. Mary가 상담에 임하는 동기 수준은 변화의 숙고 단계에 있으므로, 동기부여 면담과 강력한 치료적 관계를 구축하는 것이 필수이다. 문화적으로 민감한 상담을 하기 위해 상담자는 상담 과정에 동성애 긍정 심리치료를 통합하는 것이 유용할 것이다(**문화적 상담개입**).

결론

전체 사례개념화를 하기에 가장 적합한 대상은 만성적인 정신건강 병력과 심각한 트라우마가 있는 사람들이다. 전체 사례개념화를 사용하면 더 높은 설명력과 더 높은 예측력, 더 높은 맞춤력을 얻을 수 있고, 이러한 요인들이 포함된 정도에 따라 긍정적인 성과를 낼 가능성이 커진다. 간편 사례개념화도 분명히 임상적 가치가 있고 많은 일상 사례에 사용될 수 있다. 그러나 내담자 요인이 까다롭고 복잡할수록 사례를 더 잘 다루려면 전체 사례개념화를 하는 것이 좋다.

참고문헌

American Psychiatric Association. (2013). *Diagnostic and statistical manual of mental disorders* (5th ed.). https://doi.org/10.1176/appi.books.9780890425596

Appelbaum, P. S., & Parks, J. (2020). Holding insurers accountable for parity in coverage of mental health treatment. *Psychiatric Services, 71*(2), 202–204.

Hayes, P. A. (2016). *Addressing cultural complexities in practice: Assessment, diagnosis, and therapy* (3rd ed.). American Psychological Association.

Prochaska, J. O., DiClemente, C. C., & Norcross, J. C. (1992). In search of how people change: Applications to the addictive behaviors. *American Psychologist*, *47*, 1102–1114.

Ridley, C., & Kelly, S. (2007). Multicultural considerations in case formation. In T. Eells (Ed.), *Handbook of psychotherapy case formulation* (2nd ed., pp. 33–64). Guilford.

Sperry, L., & Sperry, J. (2020). *Case conceptualization: Mastering this competency with ease and confidence* (2nd ed.). Routledge.

Substance Abuse and Mental Health Services Administration. (2019). *Risk and protective factors*. Retrieved from https://www.samhsa.gov/sites/default/files/20190718-samhsarisk-protective-factors.pdf

7장

전체 사례개념화 연습

연습 지침
Michael의 사례
Katie의 사례

전체 사례개념화에는 진단적 공식화, 임상적 공식화, 문화적 공식화, 상담개입 공식화의 모든 행동지표가 포함된다. 우리는 전체 사례개념화가 내담자의 이야기와 패턴을 보다 더 정확히 반영하고, 상담개입 실행과 효과적인 변화를 합리적으로 이끌기에 충분한 설명력과 예측력, 맞춤력을 가지고 있다고 생각한다. 이 장에서는 전체 사례개념화 방식을 적용할 수 있는 사례 두 개를 제시할 것이다.

전체 사례개념화는 부적응 패턴에 의해 촉발되거나 악화되는 어려움을 호소하는 내담자와 호소하는 어려움이 사실상 만성적인 내담자에게 적합하다. 또한 전체 사례개념화는 문화적 요인으로 인해 호소문제의 복잡성이 증가하는 경우에 유용하고, 보호요인과 회복탄력성 요인을 상담 과정에 통합할 때 유용하다.

연습 지침

이 장에서는 전체 사례개념화 방식을 사용해 공식화할 수 있는 사례 두 개를 제시한다. 다음의 사례에 대한 설명을 읽고, 각 사례마다 전체 사례개념화 활동지를 완성해 보자. 각 사례를 공식화하는 데 생리심리사회적 유발요인을 사용하기 바란다.

Michael의 사례

Michael은 35세의 백인 남성 변호사이며, 기대했던 승진을 하지 못하자 선임 파트너를 밀친 사건으로 인해 로펌의 인사 부서에서 상담을 의뢰했다. Michael은 자신보다 열등하다고 생각하는 다른 변호사에게 무시당한 것에 대해 분노와 분개의 감정을 토로했다. 말다툼 이후에 그는 잦은 공황 발작을 겪었고 술을 많이 마시고 있다. Michael은 공황 발작이 더 자주 일어날까 봐 무섭다고 했다.

그의 이력은 그가 살아오는 내내 완벽해야 하고 성공해야 한다는 압박감을 느꼈다는 것을 보여 준다. 그의 부모는 제2차 세계대전 이후 극심한 빈곤과 위험에서 벗어나기 위해 미국으로 건너온 동유럽 이민자였다. 그는 맏이이자 유일한 아들이었기 때문에, 어머니는 Michael을 "어린 왕자"라고 부르며 계속 그가 "특별하다"고 이야기했다. 그는 부모님이 자신에게 점수를 낮게 준 교사들과 싸운 적이 많았다고 했다.

그는 친구와 직장 동료, 과거의 많은 여자 친구를 포함해 자신의 특별함을 인정하지 않는 사람들과 평생 대인관계 갈등을 겪었다고 했다. 그는 타인과 피상적인 관계만 유지하고 있는데, 주로 그를 칭찬하는 사람이나 자신처럼 특별해 보이는 사람들과 그런 관계를 유지한다. 과거에 Michael은 도전을 받거나 거절을 당하면 상대방의 성격, 지능, 능력을 걸고 넘어져 공격적으로 대응했다.

이런 이력에도 불구하고 Michael은 지적이고, 공황 증상을 해결하려는 동기가 있어 보인다. 그는 자신에게 기대에 부응해야 한다는 압박감을 전혀 주지 않고 자신을 "진심으로 이해해 주는" 유일한 사람이 여동생이라고 했다. 그는 매주 여동생 집에 가서 그녀의 가족들과 저녁 식사를 한다고 했다. 그의 고용주는 그가 하는 업무의 가치를 인정하며, 사건 이후에 그를 해고하는 대신 상담을 받도록 했다.

Michael은 의학적인 문제가 아무것도 없다고 했지만, 주치의가 그의 알코올 사용에 대해 걱정했다고 말했다. Michael은 "스트레스를 풀기" 위해 술을 마신다고 했고, 술이 최근의 공황 증상을 관리하는 데 도움이 된다고 생각한다. 하지만 가끔은 "술을 너무 많이 마셔서" 업무에 지장을 준다고 인정했다. 그는 알코올 중독에 대한 부계의 가족력이 있다고 보고했고, 가끔 아버지가 술에 취한 채 어머니를 때렸다고 이야기했다.

Michael은 『정신질환의 진단 및 통계 편람 제5판』(DSM-5; APA, 2013)의 공황 장애, 경미한 알코올 사용 장애 및 자기애적 성격장애의 기준을 충족하고 있다.

전체 사례개념화 진술문 활동지: Michael의 사례

지침: 전체 사례개념화 활동지의 빈칸을 문구나 문장으로 작성한다. 그다음 이런 문장을 활용해 제시된 빈칸에 전체 사례개념화 진술문을 작성한다.

1. 호소문제와 촉발요인을 탐색하고 이들 간의 연결을 구체화한다.

호소문제: ______________________________

촉발요인: ______________________________

2. 내담자의 기본적 움직임과 목적을 탐색한 후, 짧고 간명하게 부적응 패턴을 기록한다.

패턴: ______________________________

3. 생리심리사회적 요인의 측면에서 부적응 패턴과 호소문제의 근원을 효과적으로 설명하는 유발요인을 탐색한다. 그다음 부적응 패턴과 호소문제를 유지하는 요인인 유지요인을 탐색한다.

생리적 요인: ______________________________

심리적 요인—성격 패턴: ______________________________

—자기관: ______________________________

—타인관: ______________________________

—부족한 기술: ______________________________

사회적 요인—현재: ______________________________

—과거: ______________________________

유지요인: ______________________________

4. 문화적 정체성, 문화적응 수준, 문화적 스트레스, 설명 모형, 문화적 요인/성격요인의 우세 여부(문화 대 성격), 문화적으로 민감한 상담의 필요 여부를 포함하는 문화적 공식화를 구체화한다.

문화적 정체성: ______________________________

문화적응 스트레스: ______________________________

문화적 스트레스: ______________________________

설명 모형: ______________________________

문화 대 성격: ______________________________

문화적으로 민감한 상담: ______________________________

5. 강점과 보호요인을 탐색한다.

____

____

6. 상담목표를 설정한다[1차 목표(증상) 및 2차 목표(적응적 패턴)].

상담목표

1차 목표: ______________________________

2차 목표: ______________________________

7. 1차 및 2차 목표를 달성할 수 있는 관련 생리적 · 심리적 · 사회적 · 문화적 요인을 다루는 상담개입을 구체화한다.

싱딤개입: ______________________________

____

____

____

문화적으로 민감한 상담개입: ______________________________

____

____

8. 내담자의 성격유형과 패턴, 변화 준비도, 가능성 있는 참여 및 종결 문제, 상담 순응도, 전이 및 역전이 문제를 기반으로 상담의 장애요인과 도전과제, 변화 촉진요인을 탐색한다.

호소문제/증상	목표	상담개입

1은 1차 변화 목표; 2는 2차 변화 목표.

활동지 1번부터 8번까지의 답을 조합하여 전체 사례개념화 진술문을 작성한다.

전체 사례개념화 활동지: Michael의 사례

1. 호소문제와 촉발요인을 탐색하고 이들 간의 연결을 구체화한다.

호소문제: 분노의 감정, 공황 발작, 알코올 사용 증가

촉발요인: 상사와의 신체적 다툼

2. 내담자의 기본적 움직임과 목적을 탐색한 후, 짧고 간명하게 부적응 패턴을 기록한다.

패턴: 거절당했다고 느낄 때 불안감으로부터 보호받기 위해 대항하기

3. 생리심리사회적 요인의 측면에서 부적응 패턴과 호소문제의 근원을 효과적으로 설명하는 유발요인을 탐색한다. 그다음 부적응 패턴과 호소문제를 유지하는 요인인 유지요인을 탐색한다.

생리적 요인: 알코올 중독과 가정 폭력의 가족력

심리적 요인–성격 패턴: 자기애성

–자기관: 결함이 있지만 특별하고 존경받을 만하다.

–타인관: 존경이나 위협의 근원

–부족한 기술: 충동 통제와 공감

사회적 요인–현재: 최소한의 사회적 관계, 직장에서의 경쟁, 피상적인 연애

–과거: 성공을 요구하면서도 비난으로부터 그를 보호하고 아껴 준 비판적인 부모

유지요인: 경쟁적인 업무 환경, 알코올 남용, 최소한의 사회적 관계

4. 문화적 정체성, 문화적응 수준, 문화적 스트레스, 설명 모형, 문화적 요인/성격요인의 우세 여부(문화 대 성격), 문화적으로 민감한 상담의 필요 여부를 포함하는 문화적 공식화를 구체화한다.

   문화적 정체성: 상류층 유럽계 미국인, 1세대

   문화적응 스트레스: 문화적응 수준이 매우 높음

   문화적 스트레스: 현재는 해당 사항 없음

   설명 모형: 자신의 문제가 자신의 우수한 능력을 알아보지 못하는 타인의 무능 때문이라고 생각함

   문화 대 성격: 성격요인이 주로 작용함

   문화적으로 민감한 상담: 해당사항 없음. 그러나 문화와 관련한 부모의 행동은 그의 자기와 타인에 대한 도식의 근원을 이해하는 데 도움이 될 수 있음

5. 강점과 보호요인을 탐색한다.

   지적이고, 근면하며, 공황을 해결하려는 동기가 있음. 그를 이해하는 고용주와 여동생과의 좋은 관계

6. 상담목표를 설정한다[1차 목표(증상) 및 2차 목표(적응적 패턴)].

   상담목표

   1차 목표: 공황 증상 및 알코올 사용 줄이기

   2차 목표: 자신이 여전히 가치 있는 사람이라고 느끼고 공격하지 않으면서 비판과 실망을 수용함. 자신과 타인에 대한 합리적인 기대를

갖도록 함.

7. 1차 및 2차 목표를 달성할 수 있는 관련 생리적 · 심리적 · 사회적 · 문화적 요인을 다루는 상담개입을 구체화한다.

상담개입: 인지 재구조화/CBASP, 개인 및 집단 상담, 의학적 평가, 약물남용 상담

문화적으로 민감한 상담개입: 해당 사항은 없지만, 특권의식은 평가가 필요함

8. 내담자의 성격유형과 패턴, 변화 준비도, 가능성 있는 참여 및 종결 문제, 상담 순응도, 전이 및 역전이 문제를 기반으로 상담의 장애요인과 도전과제, 변화 촉진요인을 탐색한다.

평가를 받거나 비판을 인지하면 분노로 반응할 수 있고, 상담자에 대한 평가가 이상화와 폄하로 자주 바뀔 수 있다. 자신의 권리와 특별함을 포기하는 것을 거부하고 조기종결할 수 있다. 상담자가 지루함, 분노, 무력감을 느낄 수 있다.

호소문제/증상	목표	상담개입
공황 발작	1: 공황 증상 줄이기	인지 재구조화, 인지 대체, 의학적 평가
알코올 사용 증가	1: 알코올 사용 줄이기	약물남용 상담, 재발 방지
거절당했다고 느끼면 대항하기	2: 자신을 여전히 가치 있다고 느끼면서 비판과 실망을 수용하도록 돕기	인지 재구조화, CBASP

1은 1차 변화 목표; 2는 2차 변화 목표.

전체 사례개념화 진술문

Michael은 상담에서 직장 상사와의 신체적 다툼(**촉발요인**)으로 인해 분노와 공황 발작, 알코올 사용이 늘었다고 호소했다(**호소문제**). 그는 거절을 당하거나 도전을 받는다고 느껴지면 불안감에서 벗어나기 위해 타인에게 대항한다(**부적응 패턴**). 그가 호소하는 증상과 패턴은 알코올 중독과 가정 폭력의 가족력을 감안하면 이해할 수 있다. 또한 그는 자기애성 성격장애를 보이며, 자신은 결함이 있지만 특별하고 존경받을 가치가 있다고 생각하고, 타인은 존경이나 위협의 근원이라고 생각한다. 이런 도식으로 인해 Michael은 충동 통제와 공감에 어려움을 겪고 있다. 사회적으로 그는 사회적 관계가 거의 없으며, 직장에서는 매우 경쟁적이고, 연애 관계는 피상적이다. 과거에 그의 부모는 그에게 성공을 요구했으며, 그를 귀히 여기고 비난으로부터 보호했다(**유발요인**). 유지요인으로는 경쟁적인 업무 환경과 알코올 남용, 사회적 관계가 거의 없는 실상을 들 수 있다(**유지요인**).

Michael은 상류층의 유럽계 미국인 1세대이고(**문화적 정체성**), 문화적응 수준은 매우 높은 편이며(**문화적응 스드레스**), 문화적으로 관련된 스트레스 요인은 없다고 했다(**문화적 스트레스**). 그는 자신의 문제가 그의 우월한 능력을 알아보지 못하는 타인의 무능 때문에 발생한다고 생각하며(**설명 모형**), 따라서 성격적 요인이 주로 작용한다(**문화 대 성격**). 문화적으로 민감한 상담은 필요치 않지만, 문화에 대한 부모의 행동은 그의 자기와 타인에 대한 도식의 근원을 이해하는 데 도움이 될 수 있다. 그의 긍정적인 특성으로는 지능과 근면성, 상담에서 공황 증상을 해결하려는 동기를 들 수 있다. 그는 고용주 그리고 여동생과 좋은 관계를 유지하고 있다고 했다(**보호요인 및 강점**).

Michael의 1차 목표는 공황 증상을 줄이고 알코올 사용을 줄이는 것이다. 2차 목표는 자신이 여전히 가치 있는 사람이라고 느끼고 공격하지 않으면서 비판과 실망을 수용하도록 돕는 것이다. 또한 상담자는 그가 자신과 타인에 대해 합리적인 기대를 가질 수 있도록 함께 협력할 것이다(**상담목표**). 상담에서는 그의 공황 증상을 해결하기 위해 인지 재구조화, 인지 대체 및 정신과 평가 의뢰가 활용될 것이다. 약물남용 상담과 동기부여 면담은 알코올 사용을 줄이는 데 도움이 될 것이다. 또한 모든 의학적 원인을 배제하기 위해 의학적 평가를 의뢰할 것이다(**상담개입**). 문화적으로 민감한 상담개입은 필요치 않지만, 그의 환경에서 강화되었을 권리와 특권의식은 평가되어야 한다. 상담을 저해하는 행동에는 평가를 받거나 비판을 인지하면 분노로 반응하는 것과 상담자에 대한 이상화와 폄하를 번갈아 하는 것이 있다. Michael은 자신의 권리와 특별함을 포기하는 것을 거부할 수 있으며, 조기종결의 가능성이 있다. 상담자가 지루함, 분노, 무력감을 느낄 수 있다(**상담의 도전과제**).

Katie의 사례

Katie는 39세의 백인으로, 시스젠더 여성이다. 그녀는 공부만 하는 대학원생으로, 최근에 부동산의 새로운 소유권 문제로 그녀가 25년 동안 살던 아파트에서 쫓겨난다는 소식 때문에 생긴 만성적인 걱정, 불안한 기분, 심각한 우울 증상, 증가된 사회적 고립감으로 스스로 상담을 받으러 왔다. 그녀의 이력은 그녀가 살아오는 내내 상당히 많은 상실을 겪어 왔음을 보여 준다. 그녀의 부모는 그녀가 다섯 살 때 허리케인으로 인해 비극적으로 세상을 떠났고, 남편은 10년 전에 다른 여자가 생겨 떠났으며, 엄마 역할을 해 준 외할머니는 5년 전 암으로 돌아가셨다. 아파트에서 쫓겨날 거라는 소식을 들은 후, 그녀는 어렸을 때 부모님이 돌아가셨다는 소식을 들었을 때 경험한 것과 같은 정서적 반응을 겪었다. 그녀는 "다음에 무슨 일이 일어날지 몰라서" 극도로 불안하고 걱정스러웠다고 했다. 그녀는 그녀와 가까워진 사람들을 잃지 않기 위해 평생 대인관계를 기피해 왔다고 말했다. 그녀는 비난적이고 까탈스러운 사람이 주변에 있으면 극도로 예민해지고 불편해지며, 늘 그렇게 느껴 왔고 그래서 누군가를 사귈 기회마저 대부분 피했다고 했다. 그녀는 현재 관계 맺는 것을 피하고 자연 속에서 홀로 시간을 보내면서 스트레스에 대처하고 있다. 또한 그녀는 자신이 긍정적인 사건과 지지하는 사람들을 만날 자격이 없다고 느낀다며, 그녀가 가진 지지 체계는 친구 두 명이라고 했다.

그녀는 보험이 적용되지 않는 갑상신 질환을 진단받았다. 우울증과 알코올 중독에 대한 부계의 가족력을 이야기했지만, 그녀는 알코올이나 기분 전환용 약물은 사용하지 않는다고 했다. Katie는 일반화된 불안장애, 기타 특정 우울장애 및 회피성 성격장애에 대한 DSM-5(APA, 2013) 기준을 충족하고 있다.

전체 사례개념화 활동지: Katie의 사례

지침: 전체 사례개념화 활동지의 빈칸을 문구나 문장으로 작성한다. 그다음 이런 문장을 활용해 제시된 빈칸에 전체 사례개념화 진술문을 작성한다.

1. 호소문제와 촉발요인을 탐색하고 이들 간의 연결을 구체화한다.

   호소문제: ____________________

   촉발요인: ____________________

2. 내담자의 기본적 움직임과 목적을 탐색한 후, 짧고 간명하게 부적응 패턴을 기록한다.

   패턴: ____________________

3. 생리심리사회적 요인의 측면에서 부적응 패턴과 호소문제의 근원을 효과적으로 설명하는 유발요인을 탐색한다. 그다음 부적응 패턴과 호소문제를 유지하는 요인인 유지요인을 탐색한다.

   생리적 요인: ____________________

   심리적 요인—성격 패턴: ____________________

   —자기관: ____________________

   —타인관: ____________________

   —부족한 기술: ____________________

사회적 요인–현재: ______________________

–과거: ______________________

유지요인: ______________________

4. 문화적 정체성, 문화적응 수준, 문화적 스트레스, 설명 모형, 문화적 요인/성격요인의 우세 여부(문화 대 성격), 문화적으로 민감한 상담의 필요 여부를 포함하는 문화적 공식화를 구체화한다.

문화적 정체성: ______________________

문화적응 스트레스: ______________________

문화적 스트레스: ______________________

설명 모형: ______________________

문화 대 성격: ______________________

문화적으로 민감한 상담: ______________________

5. 강점과 보호요인을 탐색한다.

____

____

____

6. 상담목표를 설정한다[1차 목표(증상) 및 2차 목표(적응적 패턴)].

상담목표

1차 목표: ______________________

2차 목표: ______________________________

7. 1차 및 2차 목표를 달성할 수 있는 관련 생리적 · 심리적 · 사회적 · 문화적 요인을 다루는 상담개입을 구체화한다.

상담개입: ______________________________

____

____

문화적으로 민감한 상담개입: ______________________________

____

____

8. 내담자의 성격유형과 패턴, 변화 준비도, 가능성 있는 참여 및 종결 문제, 상담 순응도, 전이 및 역전이 문제를 기반으로 상담의 장애요인과 도전과제, 변화 촉진요인을 탐색한다.

____

____

____

호소문제/증상	목표	상담개입

1은 1차 변화 목표; 2는 2차 변화 목표.

활동지 1번부터 8번까지의 답을 조합하여 전체 사례개념화 진술문을 작성한다.

전체 사례개념화 활동지: Katie의 사례

1. 호소문제와 촉발요인을 탐색하고 이들 간의 연결을 구체화한다.

호소문제: 만성적인 걱정과 불안, 우울 증상, 사회적 고립 증가

촉발요인: 그녀가 25년 동안 살던 아파트에서 쫓겨날 거라는 소식

2. 내담자의 기본적 움직임과 목적을 탐색한 후, 짧고 간명하게 부적응 패턴을 기록한다.

패턴: 안전감을 느끼고 위험이나 비난을 피하기 위해 물러서기

3. 생리심리사회적 요인의 측면에서 부적응 패턴과 호소문제의 근원을 효과적으로 설명하는 유발요인을 탐색한다. 그다음 부적응 패턴과 호소문제를 유지하는 요인인 유지요인을 탐색한다.

생리적 요인: 보험이 적용되지 않는 갑상선 질환, 우울증과 알코올 중독에 대한 부계의 가족력

심리적 요인–성격 패턴: 회피성

–자기관: "나는 부족한 사람이고 좋은 삶을 살 자격이 없다."

–타인관: "사람들은 죽거나 떠나거나 나에게 해를 끼칠 것이다."

–부족한 기술: 감정 조절, 사회적 기술 및 친교 기술

사회적 요인–현재: 작은 지지 체계, 대부분의 대인 만남을 피함

–과거: 부모의 죽음, 배우자의 배신, 관계 회피의 이력

유지요인: 관계 회피, 작은 지지 체계, 좋은 삶을 살 자격이 없다는 믿음

4. 문화적 정체성, 문화적응 수준, 문화적 스트레스, 설명 모형, 문화적 요인/성격요인의 우세 여부(문화 대 성격), 문화적으로 민감한 상담의 필요 여부를 포함하는 문화적 공식화를 구체화한다.

   문화적 정체성: 중산층, 백인, 시스젠더 여성

   문화적응 스트레스: 높은 수준의 문화적응

   문화적 스트레스: 해당 사항 없음

   설명 모형: 긍정적인 사건이나 지지적인 사람을 만날 자격이 없다고 믿음

   문화 대 성격: 성격요인이 주로 작용함

   문화적으로 민감한 상담: 문화적으로 민감한 상담이 필요하지는 않지만 트라우마 치료와 대학생 정신건강에 전문지식이 있는 정신건강 전문가에게 의뢰할 필요가 있음

5. 강점과 보호요인을 탐색한다.

   회복탄력성이 있음, 친한 친구가 두 명 있음, 자기돌봄을 위해 자연을 활용함, 대학을 통해 지원 서비스를 받을 수 있음

6. 상담목표를 설정한다[1차 목표(증상) 및 2차 목표(적응적 패턴)].

   상담목표

   1차 목표: 불안과 우울 증상을 줄이고 슬픔을 다룰 수 있도록 돕기

   2차 목표: 안전감을 느끼면서 신뢰할 수 있는 타인과 관계를 맺도록 돕기

7. 1차 및 2차 목표를 달성할 수 있는 관련 생리적 · 심리적 · 사회적 · 문화적 요인을 다루는 상담개입을 구체화한다.

상담개입: 인지 재구조화, 노출, CBASP, 마음챙김 연습, 슬픔과 상실에 대한 상담, 사회기술 훈련, 역할극, 집단상담으로의 의뢰

8. 내담자의 성격유형과 패턴, 변화 준비도, 가능성 있는 참여 및 종결 문제, 상담 순응도, 전이 및 역전이 문제를 기반으로 상담의 장애요인과 도전과제, 변화 촉진요인을 탐색한다.

상담자를 '시험'할 가능성이 있고, 집단상담에 저항할 수 있다. 상담자에게 지나치게 의존하고, 집착하고, 종결하는 데 어려움을 겪을 수 있다.

호소문제/증상	목표	상담개입
만성적인 걱정과 불안	1: 불안 증상 줄이기	인지 재구조화, 마음챙김 연습
우울 증상	1: 우울 증상 줄이기	인지 재구조화
심한 슬픔과 상실	1: 슬픔과 상실 다루기	트라우마에 관한 상담, 슬픔과 상실에 대한 상담
사회적 고립과 타인에게서 물러서기	2: 안전감을 느끼면서 신뢰할 수 있는 타인과 관계를 맺도록 돕기	노출, CBASP, 사회 기술 훈련, 역할극, 집단상담으로의 의뢰

1은 1차 변화 목표; 2는 2차 변화 목표.

전체 사례개념화 진술문

Katie는 최근에 25년 동안 살던 아파트에서 쫓겨날 거라는 소식

(**촉발요인**)을 듣고 생긴 만성적인 걱정과 불안, 우울 증상을 겪고 있으며 사회적 고립이 증가했다고 호소했다(**호소문제**). 그녀는 안전감을 느끼고 위해나 비난을 피하기 위해 타인에게서 물러선다(**부적응 패턴**). 그녀가 부적응적으로 기능하도록 하는 생리적 요인에는 우울증과 알코올 중독에 대한 부계의 가족력이 있다. 그녀가 호소하는 증상과 패턴은 트라우마와 상실에 대한 중요한 개인사에 비추어 보면 이해된다. 그녀는 회피성 성격장애를 가지고 있으며, 자신을 부족하고 좋은 삶을 살 자격이 없는 사람이라고 생각한다. 타인은 죽거나, 떠나거나, 해를 끼칠 것이라고 여긴다. 이런 역동을 보면, 그녀는 감정 조절이 어렵고 사회적 기술, 친교 기술에 어려움이 있을 것이다. 사회적으로 그녀는 친한 친구가 두 명뿐인 제한된 지지 체계를 가지고 있고, 관계 맺는 것을 적극적으로 피하려고 한다. 과거에 그녀는 심각한 상실과 배신, 관계 회피 패턴을 경험했다(**유발요인**). 유지요인에는 관계 회피, 작은 지지 체계, 좋은 삶을 살 자격이 없다는 믿음이 있다(**유지요인**).

Katie는 중산층의 백인이고, 시스젠더 여성으로 대학원생이며(**문화적 정체성**), 문화적응 수준이 높다(**문화적응 스트레스**). 그녀는 문화적으로 관련된 스트레스 요인은 없다고 했다(**문화적 스트레스**). 그녀는 자신의 삶에서 긍정적인 사건이나 지지적인 사람들을 만날 자격이 없다고 생각한다(**설명 모형**). 그녀의 성격 역동을 고려해 볼 때, 성격요인이 주로 작용하고 있다(**문화 대 성격**). 문화적으로 민감한 상담은 필요하지 않지만 트라우마 상담과 대학생 정신건강에 대한 전문지식이 있는 정신건강 전문가에게 의뢰할 필요가 있다. 그녀의 긍정적인 특성에는 회복탄력성이 있고, 친한 친구가 두 명 있고, 자연을 자기돌봄에 활용하고, 대학을 통해 지원 서비스를 받을 수 있다는 점이 포함된다(**보호요인 및 강점**).

1차 상담목표는 그녀의 불안과 우울 증상을 줄이고, 그녀가 깊은 슬픔을 해결하고 다룰 수 있도록 돕는 것이다. 2차 상담목표는 그녀가 안전감을 느끼면서 신뢰할 수 있는 타인과 관계를 맺도록 돕는 것이다(**상담목표**). 상담에 인지 재구조화를 활용하고, 그녀의 불안과 우울 증상을 다루는 데 마음챙김 연습을 활용할 것이다. 트라우마에 관한 상담과 슬픔 및 상실에 관한 상담은 그녀가 심각한 상실감을 해결하는 데 도움이 되도록 진행할 것이다. CBASP, 노출, 역할극, 사회적 기술 훈련, 집단상담으로의 의뢰는 안전감을 느끼면서 타인과 관계를 맺도록 돕는 데 활용할 것이다(**상담개입**). Katie는 상담자를 '시험'할 가능성이 있고, 처음에는 집단상담에 저항할 가능성이 높다. 그녀의 패턴으로 볼 때, 상담 과정을 시작하면 상담자에게 지나치게 의존할 가능성이 있다. 일단 라포가 형성되면 상담자에게 집착하고 종결에 대한 잠재적 어려움이 있을 수 있다(**상담의 도전과제**).

참고문헌

American Psychiatric Association. (2013). *Diagnostic and statistical manual of mental disorders* (5th ed.). https://doi.org/10.1176/appi.books.9780890425596

8장

부부 및 가족 사례개념화의 임상적 가치

개인, 부부 및 가족의 패턴

개인, 부부 및 가족 사례개념화

사례 예시: 개인, 부부 및 가족 사례개념화의 임상적 가치

결론

대부분의 상담자에게 사례개념화는 개인의 역동에 기반해서 사례를 공식화하는 것을 의미한다. 앞의 장들에서 개인상담 사례개념화를 작성하는 과정과 예를 들었다. 개인별 사례개념화가 임상적으로 유용하다는 것은 의심의 여지가 없다. 그러나 개인별 사례개념화는 부부 또는 가족을 상담하거나 개별 내담자의 문제가 부부나 가족의 역동을 반영할 때는 부분적인 공식화가 될 뿐이다. 따라서 그런 부부와 가족의 역동을 사례개념화에 통합할 수 있는 능력이 반드시 필요하다. 부부나 부모가 개별적으로 개인상담에 참여하고 그 사람의 개인적인 부적응 패턴에 초점을 맞추더라도, 상담자가 관계적 상호작용 패턴과 가족 상호작용 패턴을 파악할 수 있어야 최적의 상담 성과를 이룰 가능성이 더욱 커진다(Sperry & Sperry, 2020).

이 장에서는 사례개념화의 두 가지 추가적 형태인 부부 사례개념화와 가족 사례개념화를 간략하게 설명할 것이다. 패턴은 사례개념화의 기본이기 때문에, 세 가지 형태의 사례개념화는 모두 기본이 되는 패턴으로 설명할 것이다. 일반적인 부부 상호작용의 여섯 가지 패턴과 가족 상호작용의 아홉 가지 패턴을 설명할 것이다. 이런 세 가지 형태의 사례개념화에 대한 임상적 가치는 잘 알려진 임상 사례를 통해 확인할 수 있다. 이 장에서는 부부 및 가족의 역동과 상호작용 패턴을 통합하는 임상적 가치를 강조하고자 한다.

개인, 부부 및 가족의 패턴

이 책의 기본 전제는 사례개념화의 핵심은 패턴이라는 것이다. 부적응 패턴이 개인을 이해하는 데 필수적인 것처럼, 부부 각각의 행동은 개인의 부적응 패턴과 관계적 상호작용 패턴을 모두 반영하고 있다. 마찬가지로 각 가족 구성원의 패턴은 그들의 개인적인 패턴과 가족 상호작용 패턴을 모두 반영하고 있고, 부부라면 부부 관계 패턴도 반영하고 있다.

개인별(배우자) 패턴

당연히 개인은 부부 및 가족 관계의 일상생활에서 부적응 패턴을 나타낸다. 예상대로 부부나 부모 중 한쪽의 부적응 패턴은 다른 배우자와 다른 가족 구성원에게 영향을 미친다. 게다가 각 배우자의 패턴은 상호 보완적인 경향이 있어서 처음에 서로에게 매력을 느끼는 데 큰 부분을 차지하며, 이러한 개인별 패턴은 관계적 상호작용 패턴과 가족 상호작용 패턴에 모두 영향을 미친다. 따라서 개인상담을 하는 상담자는 상담 성과를 최대화하기 위해 개인의 패턴뿐만 아니라 그들의 관계 및 가족 패턴의 영향을 파악하는 것이 좋다.

관계적 상호작용 패턴

부부는 일반적으로 부부의 관계적 상호작용이라고 하는 한두 가지 습관적이고 순환적인 관계 패턴을 보인다. 문헌(Sperry, 2019; Sperry & Peluso, 2019)에는 일반적인 부정적 관계 패턴 다섯 가지와 긍정적 관계 패턴 하나가 설명되어 있다. 대부분의 경우 이런 패턴은 각 배우자의 부모에게서 학습하는 경향이 있으며 대처와 생존의 수단을 제공한다. 각 패턴에 대한 간략한 설명은 다음과 같다.

요구/철회	한쪽 배우자가 상대방을 비난하고 책망하거나 변화를 요구할 때 나타난다(요구). 상대방은 회피하거나 응답하지 않고, 방어적이 되거나 침묵하며, 본질적으로 문제에 대한 논의를 거부한다(철회). 이는 가장 일반적이고 가장 많이 연구된 상호작용 패턴이다.
요구/항복	한쪽 배우자가 상대방을 책망하고 나무라고 비난하거나 변화를 요구할 때 나타난다(요구). 이에 대한 반응으로 상대방은 포기하고, 미루고, 항복하거나 순응한다(항복).
철회/철회	부부가 요구/철회 패턴을 다 써 버린 후에 나타난다. 그런 다음 갈등에 직면하면, 둘 다 더 철회한다(철회). 그들은 자신들의 상황에 절망감을 느끼고, 포기하기 시작한다.
공격/공격	부부가 공격에 공격으로 반응할 때 나타나며, 그 결과 불화가 더 심해진다. 이 패턴은 요구/철회 패턴이 변형된 것이다. 요구하는 배우자(공격)에게 철회하던 상대방이 매우 자극을 받아 분노를 터뜨리는 반응을 한다(공격).
반응적 요구/철회	이 패턴은 부부가 이전의 오래된 패턴을 뒤집을 때 나타난다. 이는 요구를 하던 아내가 점차 포기하고 관계에 대해 관심을 두지 않는 것처럼, 배우자 중 한 사람의 역할이 바뀌면서 나타난다. 아내는 점점 물러나면서 스스로 거리를 둔다(철회). 이에 대한 반응으로 남편은 이별하지 않기 위해 맹렬하게 아내를 뒤쫓는다. 이것이 통하지 않으면, 처음에 철회자였던 남편이 요구자 역할을 맡아 아내를 공격적으로 몰아댄다(반응적 요구).

건설적 관여	한쪽 배우자가 중요한 감정을 정확하게 표현하는 것을 포함해 그들이 느끼고, 생각하고, 바라는 것을 정확히 반영하는 비공격적인 방식으로 그들을 괴롭히는 문제를 표현할 때 나타난다. 상대방은 배우자에게 호기심을 갖고 경청하고, 이해하려고 노력하며, 이해한 바를 전달하려고 한다.

앞의 다섯 가지는 배우자가 성장하고 발전하는 것을 방해하는 부정적 관계 패턴이다. 이런 패턴으로도 한동안은 관계를 유지할 수 있다. 이와 반대로 건설적 관여 패턴은 성장을 촉진한다. 다행스럽게도 부부상담의 효과적인 과정은 이런 부정적인 패턴을 보다 적응적이고 건설적인 패턴으로 바꿀 수 있다.

가족 상호작용 패턴

가족 사례개념화는 개별 가족 구성원과 가족 체계 전체의 맥락, 요구 사항, 자원에 초점을 맞춘다. 그런 것들은 개인별 사례개념화를 잘 보완한다. 가족의 관계 패턴 개념화의 가치는 지난 40년 동안 이루어진 Beavers 가족기능 체계 모형(Beavers, 1981; Hampson & Beavers, 2019)에 관한 연구 및 임상 경험에서 입증됐다.

Beavers 가족기능 체계 모형에서 가족을 개념화하는 데는 가족의 역량과 가족의 양식이라는 두 가지 주요 차원이 사용된다. 역량 차원은 최상, 적절, 중간, 경계, 심각한 역기능의 다섯 가지 범위로 구분된다. 가족의 양식 차원은 구심성(내면화 및 집착), 원심성(요구, 공격 및 외현화), 혼합(구심성과 원심성 모두의 특징)의 세 가지 범위로 구분된다. 이 두 차원을 결합하면 다음과 같은 아홉 가지의 가족 유형이 만들어지며, 그중 4번부터 9번까지의 여섯 가지 유형은 임상적 개입이 필요할 만큼 문제가 많다.

---

1. 최상의 가족

이 패턴은 매우 효과적인 기능을 나타낸다. 가족 구성원들은 서로의 행동과 상호성에 여러 영향을 미치고 있음을 알고 있다. 이들은 다양한 접근 방식을 사용해 가족 문제를 쉽게 해결할 수 있는 능력이 있으며, 친밀감을 추구하고 친밀하다. 부모는 유연하게 권한을 공유하고, 가족 구성원 간의 경계는 명확하며 존중된다. 갈등이 생길 때마다 빠르게 해결하는 경향이 있다.

2. 적절한 가족

이 패턴은 적절하게 효과적인 관계 기능을 나타낸다. 부모는 공공연하게 권한을 가지려고 다투고, 친밀감과 신뢰감은 덜 느끼며, 덜 자발적이고 덜 행복하다. 자녀들은 최상의 가족 자녀들만큼 능력이 있는 것으로 보인다. 가족 구성원들은 그들이 평소에 충분히 대처할 수 있는 고통과 약간의 외로움을 경험한다.

3. 중간 구심성 가족

이 패턴은 관계 기능이 다소 손상되어 있다. 이들은 직접적인 통제를 사용하고 적대감을 억누르지만, 배려할 줄 안다. 규율과 권위가 강조되고, 자발성은 줄어든다. 이들은 근면하고, 자신들의 고통을 이웃에게 감추며, 전이를 잘 일으키고, 공과금을 납부한다.

4. 중간 원심성 가족

이 패턴은 관계 기능이 다소 손상되어 있다. 이들은 간접적인 통제와 조종, 협박과 비난을 사용하고, 따뜻함은 거의 표현하지 않는다. 가족 구성원은 가정과 가정 밖에서 권위를 경멸하며 어려움을 겪는다. 부모는 집에서 보내는 시간이 거의 없고, 자녀들은 일반적인 경우보다 훨씬 더 빨리 밖으로 떠돈다.

5. 중간 혼합 가족

이 패턴은 관계 기능이 다소 손상되어 있다. 이들은 구심성 행동과 원심성 행동을 번갈아 하며 서로 싸운다. 이런 혼합 가족의 경우, 부모는 면담에서 지배적이고 순종적인 것부터 사소한 말다툼과 비난에 이르기까지 다양한 모습을 보인다. 자녀들은 번갈아서 부모의 통제를 수용하거나 저항한다.

6. 경계선 구심성 가족

이 패턴은 관계 기능이 중간 정도로 손상되어 있다. 행동적 혼돈보다는 언어적 혼돈을 보이며, 통제권 다툼은 격렬하지만 대개는 겉으로 드러나지 않는다. 가족 규칙은 공개적인 반항과 은밀히 표현되는 분노를 허용하지 않는다.

7. 경계선 원심성 가족

이 패턴은 관계 기능이 중간 정도로 손상되어 있다. 이들은 분노를 공개적으로 표현한다. 부모의 관계는 지지적이지 않으며, 주기적으로 격렬하게 싸운다. 자녀들은 부모를 조종하는 법을 학습한다.

8. 심각하게 역기능적인 구심성 가족

이 패턴은 관계 기능이 심각하게 손상되어 있다. 이웃은 이들을 이상하게 여긴다. 부모의 규칙과 기대가 불분명한 경우가 많고, 양가감정은 인정하지 않는다. 자녀의 발달이 심각하게 손상된다.

9. 심각하게 역기능적인 원심성 가족

이 패턴은 관계 기능이 심각하게 손상되어 있다. 노골적인 적대감과 경멸로 상호작용한다. 부모는 양육과 애정을 거의 제공하지 않는다. 대신 양가감정을 인정하지 않고 부정적인 감정이 예상된다. 자녀의 발달이 심각하게 손상된다.

개인, 부부 및 가족 사례개념화

우리는 부부상담 및 가족상담을 할 때 별도의 사례개념화를 준비하라고 권한다. 여기에는 부부나 가족 구성원 각각에 대한 개인별 사례개념화, 부부 관계에 대한 사례개념화, 가족에 대한 사례개념화가 포함된다. 다음의 사례 예시는 다양한 사례개념화를 보여 준다. 이런 작업이 쉽지 않아 보이겠지만 효과적인 상담 성과를 내려면 반드시 필요한 일이다.

개인별(배우자) 사례개념화

배우자 각각의 개인별 사례개념화의 핵심은 성격유형과 부적응 패턴이다. 예를 들어, 관심을 끄는 행동을 보이는 사람은 일반적으로 연극성 패턴을 반영할 것이다. 마찬가지로 성실함과 완벽주의를 보이는 배우자는 강박성 패턴을 반영할 가능성이 높다.

부부 사례개념화

개별 내담자의 경우, 대부분의 치료적 접근 방식에는 그들만의 고유한 사례개념화 방법이 있다. 그러나 부부상담을 할 때, 부부 사례개념화는 관계적 상호작용 패턴에 크게 영향을 받는다. 치료적 과제는 부부 사례개념화의 핵심인 호소문제 밑에 깔려 있는 관계적 상호작용 패턴 또는 패턴들을 파악하는 것이다.

가족 사례개념화

가족 사례개념화는 가족 또는 가족 체계 역동을 통합하는 사례개념화이다. 이는 부부와 가족의 역동에 긍정적인 변화를 일으키는 데 꼭 필요하다. 개인별 사례개념화와 마찬가지로, 가장 유용한 가족 사례개념화는 가족 체계 역동에 대한 상세한 평가에 기반한다. 여기에는 부부, 부모, 형제자매의 하위 체계 역동은 물론이고, 협상, 권력 공유와 친밀감, 가족의 자원과 강점, 가족의 서사가 포함된다.

사례 예시: 개인, 부부 및 가족 사례개념화의 임상적 가치

Casey Anthony는 두 살 된 딸 Caylee의 의문스러운 실종과 그에 따른 재판으로 전국적인 뉴스가 되었다.[1] Caylee는 태어난 후 엄마인 Casey와 외조부모인 George와 Cindy Anthony와 함께 살았다. 2008년 7월 15일 Cindy는 손녀의 실종신고를 하면서, 경찰에게 31일 동안 손녀 Caylee를 보지 못했고, 딸 Casey의 차 트렁크에서 시체 냄새가 났다고 진술했다. 또 Cindy는 그녀가 손녀를 몇 주 동안 보지 못했다고 말하기 전에 Casey가 Caylee의 행방에 대해 여러 변명을 했다고 진술했다. Casey는 나중에 형사들에게 아이가 보모에게 납치되었다고 말했다. Casey는 2008년 10월에 살인 혐의로 기소되었고, 무죄를 주장했다. 2008년 12월 11일, Caylee의 시신은 가족들이 사는 집 근처에 있는 숲이 우거진 지역의 쓰레기봉투에서 발견되었다. Casey는 2011년 5월에 재판을 받았고, 검찰은 사형을 구형했다. 사건이 밝혀지면서 배심원들은 Casey의 어려운 삶과 여러 사기 및 범죄 행위에 대해 들었다. 대중의 반응과 달리 배심원들은 Casey의 살인 혐의에 대해서 무죄를 선고했다. 그 이후로 대중들은 Casey를 혐오했다. 필자의 제자였던 대학원생들은 거의 모두가 딸의 실종과 살인에 대해 전적으로 Casey가 유죄라고 생각했다. 그러나 가족 사례개념화 과정을 거친 후에, 대학원생들은 사례에 대해

1 역자 주: 유성진, 한경훈, 노가은 공역(2023). 정신건강 임상가를 위한 핸드북: 면담 수행 및 보고서 작성 지침. 학지사.

매우 다르게 생각하게 되었다.

개인별 사례개념화

그렇다면, Casey Anthony의 행동과 사건의 실상을 가장 잘 설명하는 것은 무엇일까? 정확하고 효과적인 사례개념화로 이 질문의 답을 찾고자 한다. 가족상담의 관점에서, 관련된 주요 가족 구성원에 대한 간략한 개인별 사례개념화뿐만 아니라 체계적인 설명을 더한 종합적인 가족 사례개념화를 하는 것이 매우 도움이 된다. 그러나 개인주의를 강조하는 주류 미국 문화에서는 많은 상담자와 대부분의 해설가가 개인 역동에 관련된 설명만 채택한다. 개인 역동에 초점을 맞춘 좋은 예는 2011년에 출판된 Keith Ablow의 저서 『Casey Anthony의 마음속으로: 심리적 초상화』에 나온 프로파일이다. 법의학 정신과 의사인 Ablow는 Casey의 심리적 초상화에 다다르기 위해 사건의 보고서, 편지, 법정 증언을 면밀히 분석했다. 그의 목적은 왜 그리고 어떻게 Casey가 있지도 않은 보모를 만들어 내고 수년간 그런 기만을 유지할 수 있었는지, 많은 남자에게 자신이 혼자라고 말하고, 딸이 죽은 것으로 추정되는 동안 핫바디 콘테스트에서 우승할 수 있었는지, 그리고 "냉혈한 살인자들을 검거한 세 명의 형사와 회의실에 몇 시간 동안 같이 있으면서도, 형사들이 줄곧 그 방에 자기들만 있었던 것처럼 그들이 들인 노력에 비해 아무것도 얻지 못하고 떠나게(Ablow, 2011, p. 234)" 할 수 있었는지 설명하는 것이었다.

Ablow(2011)는 『정신질환의 진단 및 통계 편람 제5판』(APA, 2013)에 따라 다른 학자들이 Casey Anthony를 설명하기 위해 제시한 진단을 여러 개념화로 언급했다. 그런 진단에는 반사회적 성격장애, 양극성 장애, 해리성 정체성 장애가 있다. 그는 이것들이 불완전한 설명이라고 일축했다. 대신 그는 Casey의 행동에 대한 더 완전한 설명으로 그가 '정체성 억제 증후군'이라고 부르는 개념화를 선호한다고 했다. 이 개념화에서 개인은 실제의 감정과 생각, 요구와 희망의 일부를 살리기 위해서 자신의 진정한 정체성을 숨긴다. 그런 사람들은 비인격적인 환경에서 자라면서 관계갈등에서 벗어나는 법을 배우는데, Casey의 경우엔 타인과 멀리 떨어져 소통하고 "타인과 '연락'을 유지하기 위해서가 아니라 진실과 거리가 멀지라도…… 그녀의 작고 허구적인 것을 만족하기 위해서 지속적인 문자 메시지를 사용한다."(p. 235)

Casey Anthony에 대한 이런 개인별 사례개념화가 유망하긴 하지만, 관련된 다른 가족 구성원에 대해서는 설명하지 않기 때문에 여전히 완전하지 않다. 가장 관련이 깊은 가족 구성원인 Cindy, Casey, George Anthony의 간략한 개인별 개념화가 다음에 제시되어 있다. 또 다른 가족 구성원으로 Casey의 오빠 Lee Anthony가 있지만, 그는 그 시기에 가족과의 관계가 소원했기 때문에 포함하지 않았다.

Cindy Anthony

Cindy는 George의 아내이자, Casey의 어머니이다. 보고서에 따르면, Cindy는 거짓말, 조종, 비난과 개인 및 가족 문제에서 주의를 분산시키는 관계 전략을 사용한다. 그녀는 지나치게 통제적인 특징을 보이며, 가족 구성원들의 경계를 침범하고 개인적인 발달을 억압한 것으로 드러났다. 그녀의 패턴은 가족 구성원들에게 완전한 완벽함을 요구하고, 자기 가족에 대한 외부인의 인식과 믿음을 통제하려고 하는 것으로 나타났다.

Casey Anthony

Casey는 George와 Cindy Anthony의 딸이자 Caylee의 엄마이다. 보고서에 따르면, 그녀는 거짓말, 조종, 도둑질, 비난, 분노 폭발의 관계 전략을 사용한다. 그녀의 좌우명은 "미래를 위해 살고, 과거는 잊어라."이다. 그녀의 문신에는 Bella Vita(아름다운 삶)가 새겨져 있다. 그녀의 패턴은 타인의 기분을 맞추고 갈등을 피하기 위해 필요한 일은 무엇이든 하는 것으로 나타났다.

George Anthony

George는 Cindy의 남편이자 Casey의 아버지이다. 보고서에 따르면, 그는 지나친 통제를 받고 있으며, 실업 상태거나 능력 이하의 일을 하고, Cindy에게 복종하고, 자기 나이대의 남자 친구가 없다. 그의 패턴은 강인해 보이려 하지만 센 여자들의 명령을 받는 것으로 나타났다.

부부 사례개념화

Cindy와 George는 요구/철회 패턴을 보인다. 이 패턴은 배우자 각각의 사례개념화를 보면 이해할 수 있다. 가족 구성원을 통제하고 외부인에게 가족의 긍정적인 면만을 보이려는 Cindy의 전략은 Cindy의 부당한 요구에 직면한 George의 예상되는 철회를 악화시킨다. 결과적으로, 철회로 만들어진 거리는 Cindy의 완벽함과 통제에 대한 요구로 순환한다. 이는 그녀의 통제에 대한 요구가 늘어나는 결과를 가져온다.

가족 사례개념화

Casey, George, Cindy의 심리적 역동에 기반한 개인별 사례개념화에 포괄적인 가족 또는 가족 체계 역동을 더해야 한다. 뉴스 기사, 편지, 인터뷰 및 법원 증언에 대한 조사로 가계도를 만들고 체계 역동을 파악했다. 이러한 체계 역동에 대한 평가를 바탕으로 이 가족은 순종과 '올바른' 행동을 강조하고 부정적인 감정 표현을 억압하는 경계선 구심성 패턴(Beavers & Hampson, 2019)으로 볼 수 있다. 또한 이 가족은 통제 지향적인 구조를 보였고 친밀감과 자발성은 부족했다. Casey의 부모는 가족을 엄격하게 통제하려고 시도했지만 이런 통제 노력은 결국 거부되었고 혼란이 뒤따랐다. 그런 가족 안에서 지나치게 반항적인 구성원은 '타락한 성자'가 되는데, 이는 한때 '완벽한' 천사였던 아이가 은총에서 멀어졌기 때문이다. 이 때문에 나머지 가족들은 통제 노력을 높이고 타락한 구성원을 '구하기' 위해 동원된다. Anthony 가족에서 Casey의 역할은 타락한 천사였다. 가족, 특히 Cindy가 완벽한 가족의 이미지와 Casey를 완벽한 아동 · 청소년 · 성인으로 만들려고 시도하면 할수록 Casey는 더욱 반항했고, 학교와 직장, 사회생활에서 그리고 Caylee의 부모로서 반복적으로 가족을 난처하게 만들었다. Cindy는 Casey가 유일한 외손녀인 Caylee를 일관성 없이 양육하는 것에 대해 특히 민감했고 걱정했다.

Cindy는 Casey의 Caylee 양육에 대해 점점 더 당황하고 불안해지자 Caylee의 수양모가 되려는 노력을 더 많이 했다. 그 마지막 시도는 Caylee가 실종되기 전날, Cindy가 Caylee의 법적 양육권을 확보하는 절차를 시작하겠다는 말로 Casey를 위협한 것이었다. 이에 대한 Casey의 반응은 Caylee를 숨기는 거였다. Casey는 Caylee를 숨김으로써 Caylee를 자신의 아이로 만들려는 Cindy의 노력에 효과적으로 저항한 것으로 보인다. Caylee는 Casey가 Cindy에게서 받았던 정서적 학대와 억압을 겪지 않게 될 것이다. 또한 Caylee를 숨김으로써 Casey는 부모, 특히 Cindy로부터 학대를 당한 방법과 타협하지 않아도 되었다. 요약하자면, Anthony 가족의 가족 서사는 완벽한 행동을 요구하고, 지배와 복종이 작동 원리이며, 명시된 규칙과 요구 사항을 따르지 않으면 비난을 받는 것이다. 이런 서사에 대한 엄격한 고수가 Caylee의 실종과 죽음을 둘러싼 사건에서 한 개인인 가족 구성원의 성격 역동보다 더 많이 작용한 것으로 보인다.

개인-부부-가족 사례개념화 합치기

Caylee의 법적 양육권을 확보하는 절차를 시작하겠다는 Cindy의 위협(**촉발요인**)은 Caylee의 실종과 Anthony 가족의 최종적인 해체로 이어졌다(**호소문제**). 이런 결과는 그들의 개인별, 부부, 가족의 패턴을 토대로 이해할 수 있다. Cindy는 거짓말을 하고, 조종하고 비난하며, 개인 및 가족 문제에서 주의를 돌리려는 행동을 했다. 그녀의 패턴은 가족에게 숨 막히는 완전한 완벽함을 기대하고 요구하며, 외부인의 인식을 통제하려고 시도하는 것이다. Casey도 비슷한 행동을 하면서 도둑질하고 분노를 폭발했다. 그녀의 패턴은 장난기 있는 카멜레온처럼 갈등을 달래고, 파괴하고, 회피하면서 자기

맘대로 하는 것이다. George는 매력적이고, 거짓말을 하고, 복종하며, 이따금 허세를 부렸다. 그의 패턴은 강인해 보이려 하지만 겁쟁이 터프가이처럼 강한 여성의 명령을 받는 것이다(**개인별 부적응 패턴 및 유발요인**). Cindy와 George는 각각의 개인별 패턴과 일치하는 요구/철회 상호작용 패턴을 보인다. 스트레스 요인이 증가함에 따라 점점 더 심해지는 Cindy의 부당한 요구가 George의 철회를 더욱 악화시켰다(**부부 상호작용 패턴 및 유발요인**). Casey 가족의 패턴은 부모가 순종과 '올바른' 행동을 강조하고, 부정적인 감정 표현을 억압하는 것으로 보아 '경계선 구심성' 가족 상호작용 패턴으로 볼 수 있다. Casey가 점점 이런 노력을 거부하기 시작하면서 혼란이 이어졌다. 한때 부모의 '완벽한 천사 같은 아이'였던 Casey는 은총을 잃고 '타락한 성자'가 되었고, 가족은 타락한 구성원을 '구원하기' 위해 통제 노력을 더 하는 결과로 이어졌다. Cindy가 완벽한 가족의 이미지를 만들려고 시도할수록 Casey는 더 많이 반항하고 학교와 직장, 사회생활에서 반복적으로 가족을 난처하게 만들었다. Casey는 Caylee를 숨김으로써 Caylee를 자신의 아이로 만들려는 Cindy의 노력에 효과적으로 저항하고, Casey가 Cindy에게서 받은 정서적 학대와 억압으로부터 Caylee를 보호했다. 부부 상호작용 패턴과 함께 이런 가족 패턴과 가족 서사에 대한 엄격한 고수가 개별 가족 구성원의 성격 역동보다 Caylee의 실종과 그에 따른 가족의 해체를 더 완벽하게 이해시킨다(**가족 상호작용 패턴과 유발요인**). 이런 개인과 부부 및 가족 패턴이 서로를 강화하여 해체를 촉진했다(**촉발요인**).

결론

이 장에서는 개인, 부부, 가족에 대한 세 가지 유형의 사례개념화를 설명했다. 대부분의 상담자는 개인상담 실행에 대한 훈련을 받기 때문에 개인 사례개념화를 한 경험만 있을 것이다. 이 장을 통해 부부 및 가족 사례개념화의 임상적 가치에 대한 이해가 높아지기를 바란다. 우리의 경험에 따르면, 이런 사례개념화의 한두 가지 형태, 특히 관계 상호작용 패턴과 가족 상호작용 패턴의 정보를 추가하면 상담의 성공을 크게 높일 수 있다.

참고문헌

Ablow, K. (2011). *Inside the mind of Casey Anthony: A psychological portrait*. St. Martin's.

American Psychiatric Association. (2013). *Diagnostic and statistical manual of mental disorders* (5th ed.). https://doi.org/10.1176/appi.books.9780890425596

Beavers, W. R. (1981). A systems model of family for family therapists. *Journal of Marital and Family Therapy*, 7(3), 299–307.

Beavers, W., & Hampson, R. (2019). Observational assessment of couples and families. In L. Sperry (Ed.), *Couple and family assessment: Contemporary and cutting-edge strategies* (3rd ed., pp. 99–132). Routledge.

Sperry, L. (Ed.). (2019). *Couple and family assessment: Contemporary and cutting-edge strategies* (3rd ed.). Routledge.

Sperry, L., & Peluso, P. (2019). *Couples therapy: Theory and effective practice* (3rd ed.). Routledge.

Sperry, L., & Sperry, J. (2020). *Case conceptualization: Mastering this competency with ease and confidence* (2nd ed.). Routledge.

9장

사례개념화 역량 숙달하기

사례개념화 숙달하기
표준화된 사례개념화 교육
계획적인 연습과 사례개념화
마음챙김과 사례개념화
교육 프로그램 경험
결론
부록: 대학원 교육과정의 사례개념화 교수법

지금까지 설명력, 맞춤력, 예측력에 초점을 맞춘 사례개념화 접근법이 치료적 동맹을 극대화하고 상담 성과를 최대화하는 데 매우 효과적인 패턴 중심 사례개념화의 개발을 촉진한다고 설명했다. 또한 이런 사례개념화를 공식화하고 작성하는 빠르고 간단한 전략을 제시했다. 이 장에서는 이런 능력을 연마할 수 있는 구체적인 방법을 제시하는 것으로 이 접근법에 대한 논의를 이어가고자 한다.

구체적으로, 이 장에서는 표준화된 사례개념화 훈련, 계획적인 연습, 마음챙김이라는 세 가지 증거 기반 개입을 통해 사례개념화의 숙달도를 높일 수 있는 몇 가지 도구를 제공할 것이다. 이는 지난 10년간 임상 정신건강 상담 과정의 석사과정 학생들에게 이 접근법을 가르치고 감독한 경험에 근거하며, 수련생과 경험이 있는 상담자와 함께 사례개념화에 대한 연구를 수행한 경험도 포함했다. 이 장은 숙달도에 대한 간략한 논의로 시작하여 세 가지 개입을 설명하고자 한다. 이 장에서는 교육과정에서 중간 수준의 숙달도를 달성한 경험에 대해 논의할 것이다. 마지막으로, 정신건강 교육자가 다양한 대학원 과정에 이 모형을 계획적으로 통합하는 데 기반이 되는 양식을 부록으로 제공했다.

사례개념화 숙달하기

사례개념화 역량을 숙달한다는 것은 무슨 의미일까? 몇 가지 용어를 명확히 하는 것으로 시작해 보자. 숙달은 개인이 복잡한 문제를 해결하거나 역량을 달성하기 위해 하는 집중적이고 지속적인 노력을 말한다. 역량은 외부 기준에 비해 특정한 전문적 활동을 수행할 때의 충분함으로 정의된다(Falender & Shafranske, 2004). 충분함에는 낮음에서 높음까지의 단계가 있는데, 낮음은 제한된 수준의 숙달을 의미하고, 높음은 높은 수준 또는 전문가 수준의 숙달을 의미한다. 내부 기준과 달리, 외부 기준은 채점기준표 같은 평가 도구를 통해 객관적으로 측정할 수 있는 기준을 말한다. 당면한 전문적 활동은 사례개념화 역량을 숙달하는 것이고, 그런 숙달에는 다양한 단계의 과정이 따른다. 최소한 이런 단계들에는 성과 명시하기, 성과를 이루기 위한 자원 및 장애요인 확인하기, 역량을 숙달하기 위해 계획적으로 작업하기, 평가(예: 채점기준표)와 타인으로부터 피드백 받고 통합하기가 포함된다.

우리의 역량 기반 심리치료 교육 프로그램에서는 다양한 피드백 척도를 사용해 성과와 숙달의 수준을 평가한다. 다음은 사례개념화 역량 숙달 수준을 평가하기 위한 채점기준표이다. 여러분의 발전 정도를 알아보는 데 사용하기를 바란다.

사례개념화: 숙달의 4단계			
0 -------- 1 -------- 2 -------- 3 -------- 4 -------- 5 -------- 6 -------- 7 -------- 8 -------- 9 -------- 10			
낮음	**보통**	**적절**	**높음**
사례개념화가 불완전하고, 부정확하며, 일관성 및/또는 설득력이 없다.	사례개념화가 부분적으로 완전하고, 정확하며, 일관성 및/또는 설득력이 있다.	사례개념화가 대체로 완전하고, 정확하며, 일관성 및/또는 설득력이 있다.	사례개념화가 완전하고, 정확하며, 일관성과 설득력이 있다.
설명력, 맞춤력 또는 예측력이 없다.	낮은 수준의 설명력, 맞춤력 및/또는 예측력이 있다.	좋은 수준의 설명력, 맞춤력 및 예측력이 있다.	높은 수준의 설명력, 맞춤력 및 예측력이 있다.
기본적으로 사례요약에 불과하다.			전체 사례개념화가 훌륭하다.
임상적 가치가 없다.	**임상적 가치가 제한적이다.**	**임상적 가치가 좋은 수준이다.**	**임상적 가치가 높다.**

표준화된 사례개념화 교육

이 책에서 설명하는 사례개념화 교육 방법은 처음에 Len Sperry와 동료들(1992), Sperry(2010)에 의해 시작되었고, 그 이후 Jonathan Sperry(Sperry & Sperry, 2012)에 의해 더욱 발전했다. 교육에는 2시간짜리 표준화된 학습 체험 두 가지가 포함되어 있는데, 그중 100분은 PPT 자료, 설명 동영상, 슬라이드 및 자료 소책자가 제공되는 대화형 강의이다. 교육이 시작되기 전에, 교육생들은 15분 이내에 표준화된 사례에 대한 사례개념화 진술문 초안을 작성한다. 이 교육은 기본적인 사례개념화의 개념과 사례개념화에 관련된 오해에 대한 설명으로 구성된다. 교육생들은 패턴, 호소문제, 촉발요인, 유발요인, 유지요인, 상담계획, 예측요인이라는 행동지표에 대한 설명을 듣고, 간편 사례개념화를 전개하기 위한 5단계 과정의 시연을 본 후 직접 실습해 본다. 교육생들이 교육에서 배우고 연습한 내용을 활용해 동일 사례에 대한 또 다른 사례개념화 초안을 작성하면 첫 번째 교육이 끝난다. 교육생들이 작성한 두 사례개념화는 채점기준표로 평가된다. 두 번째 교육은 4주 후에 진행되는데, 교육생들이 15분 이내에 표준화된 또 다른 사례에 대한 사례개념화 진술문을 완성하는 것으로 시작한다. 첫 번째 교육에서 나온 내용을 재검토한 후 나머지 행동지표인 보호요인, 성격-문화, 설명력, 맞춤력, 예측력에 초점을 맞춘 대화형 강의가 진행된다. 그다음 전체 사례개념화를 전개하기 위한 8단계 전략에 대한 시연을 보고 실습해 본다. 교육과정 직후에 교육생들은 교육에서 배우고 연습한 내용을 활용해 또 다른 사례개념화 진술문을 작성한다. 두 사례개념화 진술문은 모두 채점기준표로 평가된다.

15주로 이루어진 한 학기 동안 교육생들은 사례개념화 작성 능력을 발전시킬 네 개의 사례를 받는다. 사례 두 개는 간편 사례개념화로 작성하고, 나머지 사례 두 개는 전체 사례개념화로 작성한다. 전체적으로 교육생들은 이 두 가지 형태의 사례개념화를 실습하며, 워크숍 전에 네 개, 워크숍 후에 네 개를 해서 총 여덟 개의 사례개념화를 작성한다.

여러분은 앞의 장들을 읽고 여러 가지 연습과 활동을 하면서 이 표준화된 교육의 많은 부분을 경험했을 것이다. 사례개념화 평가 양식은 채점기준표 같은 것으로, 교육과정과 워크숍에서 사용하는 것이다. 여러분은 이를 활용해 사례개념화 역량을 숙달하는 진행 과정을 평가하고 관찰할 수 있다.

사례개념화 평가 양식

지침: 작성한 사례개념화 진술문을 다음의 행동지표 관점에서 가장 잘 나타낸 숫자(0~10점 척도)에 동그라미 하세요.

1. 호소문제와 촉발요인

0 -------- 1 -------- 2 -------- 3 -------- 4 -------- 5 -------- 6 -------- 7 -------- 8 -------- 9 -------- 10

호소문제 및/또는 촉발요인 및/또는 이 둘 간의 연결을 인식하지 못함	호소문제와 촉발요인과 이 둘 간의 연결을 부분적으로 인식함	호소문제와 촉발요인과 이 둘 간의 연결을 완전하고 정확하게 인식함

2. 패턴

0 -------- 1 -------- 2 -------- 3 -------- 4 -------- 5 -------- 6 -------- 7 -------- 8 -------- 9 -------- 10

(촉발요인과 호소문제의 연결을 설명하는) 내담자의 부적응 패턴을 완전히 파악하지 못함 또는 기억할 수 있는 짧은 문구로 서술하지 못하거나 쉽게 추론하지 못함	(촉발요인과 호소문제의 연결을 설명하는) 내담자의 부적응 패턴을 부분적으로 파악함 약간 기억할 수 있는 짧은 문구로 서술하거나 추론함	(촉발요인과 호소문제의 연결을 설명하는) 내담자의 부적응 패턴을 완전하고 정확하게 파악함 기억할 수 있는 짧은 문구로 서술할 수 있고 쉽게 추론함

3. 유발요인과 유지요인

0 -------- 1 -------- 2 -------- 3 -------- 4 -------- 5 -------- 6 -------- 7 -------- 8 -------- 9 -------- 10

기원/원인(패턴과 호소문제의 기능에 영향을 미치는 생리적 · 심리적 · 사회적 요인)에 대한 설명과 호소문제와 패턴을 유지하는 요인에 대한 설명을 못하거나 부족하게 함	기원/원인(패턴과 호소문제의 기능에 영향을 미치는 생리적 · 심리적 · 사회적 요인)에 대한 설명과 호소문제와 패턴을 유지하는 요인에 대한 설명을 부분적으로 함	기원/원인(패턴과 호소문제의 기능에 영향을 미치는 생리적 · 심리적 · 사회적 요인)에 대한 설명과 호소문제와 패턴을 유지하는 요인에 대한 설명을 완전하고 정확하게 함

4. 보호요인/강점

0 -------- 1 -------- 2 -------- 3 -------- 4 -------- 5 -------- 6 -------- 7 -------- 8 -------- 9 -------- 10

내담자의 강점 및/또는 보호요인을 파악하지 못하거나 부족하게 함 상담개입에 이런 요소의 반영 여부 및 반영을 명시하지 못하거나 부족하게 함	내담자의 강점 및/또는 보호요인을 상당히 파악함 상담개입에 이런 요소의 반영 여부 및 반영을 적정하게 명시함	내담자의 강점 및/또는 보호요인을 완전하고 정확하게 파악함 상담개입에 이런 요인의 반영 여부와 반영을 완전하고 정확하게 명시함

5. 성격-문화

0 -------- 1 -------- 2 -------- 3 -------- 4 -------- 5 -------- 6 -------- 7 -------- 8 -------- 9 -------- 10

문화 정체성, 문화적응, 문화적 설명, 문화-성격의 관계 등 문화적 요인을 파악하지 못하거나 부족하게 함 문화적 상담개입 여부와 상담개입을 기록하지 않거나 부족하게 함	문화 정체성, 문화적응, 문화적 설명, 문화-성격의 관계 등 문화적 요인을 상당히 파악함 문화적 상담개입 여부와 상담개입을 적정하게 명시함	문화 정체성, 문화적응, 문화적 설명, 문화-성격의 관계 등 문화적 요인을 완전하고 정확하게 파악함 문화적 상담개입 여부와 상담개입을 정확하게 명시함

6. 상담계획

0 -------- 1 -------- 2 -------- 3 -------- 4 -------- 5 -------- 6 -------- 7 -------- 8 -------- 9 -------- 10

호소문제와 진단을 파악하지 못함 부적응 패턴과 적응적 패턴을 명시하지 못함 적절한 1차, 2차 목표와 해당되는 상담개입을 명시하지 않음	호소문제와 진단을 부분적으로 파악함 부적응 패턴과 적응적 패턴을 부분적으로 명시하거나 표현함 적절한 1차, 2차 목표와 해당되는 상담개입을 부분적으로 명시함	호소문제와 진단을 완전하고 정확하게 파악함 부적응 패턴과 적응적 패턴을 완전하고 정확하게 명시함 적절한 1차, 2차 목표와 해당되는 상담개입을 명시함

7. 설명력

0 -------- 1 -------- 2 -------- 3 -------- 4 -------- 5 -------- 6 -------- 7 -------- 8 -------- 9 -------- 10

설명을 하지 못하거나 부족함 및/또는 호소문제, 촉발요인, 패턴, 유발요인, 유지요인의 연결이 불충분함 유발요인에 대한 설명이 부족하고 설득력이 없음 사례의 몇몇 자료가 적합하지 않거나 부족함	충분한 설명이 적정하게 명시되어 있고 호소문제, 촉발요인, 패턴, 유발요인, 유지요인이 적정하게 연결됨 사례의 자료 대부분이 적합하여 유발요인에 대한 설명이 보통이고 상당한 설득력이 있음	호소문제, 촉발요인, 패턴, 유발요인, 유지요인을 완벽하게 연결하는 설명을 완전하고 정확하게 명시함 사례의 모든 자료가 적합하여 유발요인에 대한 설명이 충분하고 설득력이 매우 높음

8. 맞춤력

0 -------- 1 -------- 2 -------- 3 -------- 4 -------- 5 -------- 6 -------- 7 -------- 8 -------- 9 -------- 10

상담계획과 개입을 내담자의 고유한 패턴, 욕구, 기대, 준비도에 맞춰 조정하지 못하거나 부족하게 함	상담계획과 개입을 내담자의 고유한 패턴, 욕구, 기대, 준비도에 맞춰 적정하게 조정함	상담계획과 개입을 내담자의 고유한 패턴, 욕구, 기대, 준비도에 맞춰 완전하고 정확하게 조정함

9. 예측력

0 -------- 1 -------- 2 -------- 3 -------- 4 -------- 5 -------- 6 -------- 7 -------- 8 -------- 9 -------- 10

상담의 장애요인(낮은 준비도, 순응하지 않음, 전이/역전이, 종결)과 변화 촉진요인(내담자의 자원과 강점, 사회적 지지 등)을 예측하지 못함. 또는 부족하게 함	상담의 장애요인(낮은 준비도, 순응하지 않음, 전이/역전이, 종결)과 변화 촉진요인(내담자의 자원과 강점, 사회적 지지 등)을 적정하게 예측함	상담의 장애요인(낮은 준비도, 순응하지 않음, 전이/역전이, 종결)과 변화 촉진요인(내담자의 자원과 강점, 사회적지지 등)을 완전하고 정확하게 예측함

10. 일관성

0 -------- 1 -------- 2 -------- 3 -------- 4 -------- 5 -------- 6 -------- 7 -------- 8 -------- 9 -------- 10

사례개념화에 포함된 모든 지표들에 대한 설명이 일관적이지 않거나 논리적이지 않음 – 낮은 수준의 일관성	사례개념화에 포함된 모든 지표들에 대한 설명이 부분적으로 일관적이고 논리적임 – 보통 수준의 일관성	사례개념화에 포함된 모든 지표들에 대한 설명이 완전히 일관적이고 논리적임 – 높은 수준의 일관성

계획적인 연습과 사례개념화

계획적인 연습은 자신의 숙달 수준을 넘어서는 목표를 달성하기 위해 기울이는 노력을 의미한다(Ericsson & Lehmann, 1996). 계획적인 연습에는 구체적인 개입을 사용하고, 특정 전략을 익히며, 상담을 최적화하기 위해 슈퍼바이저와 내담자의 피드백을 받는 것이 포함된다. 계획적인 연습을 통해 효과적인 상담자가 되는 것과 치료적 성공의 달성을 촉진할 수 있다(Sperry & Carlson, 2014).

계획적인 연습에는 현실적인 기간 목표 설정, 유용한 피드백, 반복 및 오류 정정의 기회라는 세 구성요소가 포함된다(Ericsson & Lehmann, 1996; Love, Davis, & Callahan, 2016). 임상적 역량을 숙달할 때, 계획적인 연습에는 역량에 대해 점점 더 어려운 요소를 다루는 것이 포함된다. 실패와 좌절은 숙달을 이루는 데 필요한 부분이며, 실패를 통한 학습과 끈기도 필요하다. 계획적인 연습의 또 다른 필수 요소는 다양한 형태로 지속적인 피드백을 구하는 것이다. 여기에는 슈퍼바이저와 내담자에게 직접 피드백을 요청하는 것과 표준화된 평가와 수행척도 및 채점기준표를 사용해 진행 사항을 평가하는 것이 포함된다. 또한 상담 과정이나 상담 방향을 변경하기 위해 피드백을 통합할 필요도 있다. Rønnestad와 Skovholt(2013)는 다음과 같이 말했다.

> 피드백을 받아들이는 것은 계획적인 연습의 일부이다. 경험을 전문지식으로 바꾸는 또 다른 부분은 성찰의 사용이다. …… 개인이 연습을 통해 배울 수 있으려면 반복되는 피드백이 있어야 한다. 상담자가 자격을 갖추고 혼자 일할 때 상담자로서 자기성찰하고 자기관찰하는 계획적인 연습 피드백 시스템이 없다면, 그들 자신의 상담자 경험으로부터 배우지 못하는 피해자가 될 수 있다. (p. 241)

계획적인 연습이 효과적인 사례개념화 개발을 촉진한다는 것을 보여 주는 설득력 있는 연구가 있다. Lipp(2019)은 공식적인 사례개념화 교육만 하는 것보다 계획적인 연습 코칭을 함께 하는 공식적인 사례개념화 교육이 사례개념화 역량을 높인다는 사실을 발견했다. Lipp은 또한 사례개념화 교육의 효과가 시간이 지나도 지속된다는 사실을 발견했는데 이는 다른 연구 결과와 일치한다. 따라서 기술 습득을 향상하고 유지하기 위해 교과과정 전반에 걸쳐 계획적인 연습 요소를 심리치료 교육 프로그램에 반드시 포함할 것을 권한다.

계획적인 연습 실행하기

계획적인 연습은 전문성을 개발하는 데 선택이 아니라 필수이다(Rousmaniere, 2017). 종종 수련생들이 보다 숙련된 상담자가 되려면 학습에 계획적인 연습을 어떻게 사용하고 통합해야 하는지 묻는다. 일정 기간(예: 한 학기)에 다음 활동 중 하나 이상을 하는 것이 좋다. 계획적인 연습을 훈련하는 노력의 일환으로 다음 활동들을 시험 삼아 해 볼 수 있다.

1. 여러 사례 동영상을 시청하고 첫 5분 이내에 내담자의 부적응 패턴을 관찰하고 파악한다. 그다음 더 시청하고 패턴을 확정하거나 수정한다.
2. 1번의 사례 동영상에 대한 부적응 패턴을 파악한 후 2분 이내에 보다 더 적응적인 패턴을 구체화하는 연습을 한다.
3. 현재(또는 과거) 상담하는 내담자 중 한 명에 대한 임상적 공식화 진술문을 작성한다. 5분 이내에 공식화 진술문을 쓸 수 있도록, 소요 시간을 점점 줄이는 것을 목표로 한다. 진술문에는 높은 수준의 설명력이 있어야 한다.
4. 현재(및 과거) 상담하는 모든 내담자에 대한 문화적 공식화 진

술문과 상담개입 공식화 진술문을 전개하고 초안을 작성한다. 5분 이내에 진술문을 쓸 수 있도록 소요 시간을 점점 줄이는 것을 목표로 한다.

5. 내담자 중 한 명에게 높은 수준의 맞춤력을 갖는 1, 2차 목표와 상담개입이 포함된 상담계획의 첫 번째 부분을 전개하고 초안을 작성한다.
6. 내담자의 패턴을 기반으로 상담 과정에서 예상되는 도전과제를 다루는 상담계획의 두 번째 부분을 전개하고 초안을 작성한다. 이를 작성하는 데 다섯 가지 행동지표로 구성된 적절한 표를 활용한다. 5분 이내에 높은 수준의 예측력이 있도록 작성하는 것이 목표이다.

Sperry와 Carlson(2014)은 몇 가지 관련되는 계획적인 연습 교육의 목표를 제시했다.

마음챙김과 사례개념화

지난 20년 동안 마음챙김은 내담자와 함께하는 심리치료 실제에 통합됐다. 지난 10년간 마음챙김은 상담자와 여러 정신건강 전문가의 교육에 영향을 미치기 시작했고, 최근에 와서 사례개념화 기술을 학습하는 데에 적용됐다. 수행 불안을 줄이고 사례개념화를 작성하는 것에 더 집중하도록 하는 개입의 하나로 마음챙김을 다룬 주목할 만한 연구가 최근에 이루어졌다. 사례개념화 과정의 복잡성과 상담자 교육 및 실습에 항상 존재하는 불안을 고려하여, 불안이 사례개념화 역량 획득에 미치는 영향을 연구했다(Casteleiro, 2021). 이 연구에서는 마음챙김이 교육 중에 있는 수련생의 불안을 줄이고, 정확하고 효과적인 사례개념화를 전개하는 데 주의를 집중하는 역량을 높일 것이라는 가설을 세웠다. Casteleiro는 공식적인 사례개념화 교육만 하는 것보다 자기주도적인 마음챙김 개입과 함께 공식적인 사례념화 교육을 하는 것이 사례개념화 역량을 높인다는 것을 발견했다.

마음챙김 연습하기

집중력을 높이고 불안을 줄임으로써 사례개념화 작성 능력을 촉진할 수 있는 마음챙김 연습 세 가지를 다음 절에 제시했다. 그것은 연구 프로토콜에 있는 것들과 비슷하다. 여러분에게 맞는 것을 찾을 때까지 이것저것 다 시도해 보기를 바란다.

첫 번째는 8단계 사례개념화 작성하기 같은 학업 과제를 시작하기 전에 마음을 집중하기에 유용한 일반적인 호흡 연습이다. 이것은 콧구멍을 번갈아 가며 호흡하는 것으로, 엄지와 검지를 사용해 양쪽 콧구멍을 통한 호흡을 조절한다. 기본적으로 오른쪽 콧구멍으로 숨을 들이마시고 막은 후 왼쪽 콧구멍으로 숨을 내쉰다. 이는 의자에 편안하게 앉는 것으로 시작한다. 왼손을 사용하는데, 왼손 엄지손가락으로 왼쪽 콧구멍을 막고, 오른쪽 콧구멍으로 깊게 숨을 들이마신다. 그다음 왼손 검지손가락으로 오른쪽 콧구멍을 막고 왼쪽 콧구멍으로 숨을 내쉰다. 번갈아 가며 호흡을 여러 번 계속하고, 매번 깊게 호흡한다. 동시에 똑바로 앉은 자세를 유지하면서 어깨와

팔의 긴장을 푼다. 약 5분 후 정상적인 호흡으로 돌아가, 몸과 마음을 점검한다.

다음의 두 가지 연습은 짧게 소개된 명상 연습인데, 이는 마음챙김 연습 웹사이트(https://mindfulnessexercises.com/9-mindfulness-exercises-for-anxiety)에서 무료로 볼 수 있다. 각 연습을 요약하면 이렇다. 하나는 '있는 그대로의 삶: 바디 스캔'이라는 연습으로, 여러분이 현재의 순간에 점차적으로 더 민감하게 대응하도록 안내한다. 바디 스캔은 신체에 집중하게 해 현재가 아닌 다른 것을 고치고 바꾸거나 추구하려는 마음을 진정시키는 데 도움이 된다.

또 다른 연습은 '과도한 생각으로부터의 분리: 안내 명상'이다. 이 안내 명상은 사례개념화에 노력을 더 집중할 수 있도록 경주하듯 빠르게 지나가는 생각과 지나치게 많은 생각에서 벗어나도록 도와준다. 이 명상은 마구잡이로 생각이 떠오를 때 그 생각들을 판단하거나 바꾸려 하지 말고 그냥 내버려 두라고 안내한다. 그러면 경주하듯 빠르게 지나가는 생각과 지나치게 많은 생각이 사라지고 깊은 평화가 찾아온다.

교육 프로그램 경험

우리의 교육 프로그램에 배정된 석사과정 학생들은 6학기 동안 총 서른 개의 사례개념화를 완성한다. 그중 열 개는 실습 전의 과정에서 표준화된 내담자나 비임상 내담자에 대한 사례개념화다. 4학기 동안 실습과 인턴십 경험을 하면서, 교육 현장에서 만난 실제 내담자에 대한 사례개념화 스무 개를 추가로 완성해야 한다. 4학기의 실습과 인턴십에서 학생들은 매 학기마다 대학 세미나에 참여하여 사례를 발표하고 검토하며, 강사와 다른 학생들에게서 자신의 사례개념화에 대한 피드백을 받는다. 세미나를 할 때마다 프로그램에서 요구하는 임상적 역량을 향상하기 위해 계획적인 연습을 활용하는 방법에 대한 서면 계획을 세우도록 요청한다. 배정된 수퍼바이저도 사례개념화를 검토하고 필요에 따라 의견을 제공한다.

사례개념화는 기본적인 임상 역량으로 여겨지기 때문에, 학생들은 4학기 동안 사례개념화에 대한 숙달도가 높아질 것으로 기대된다. 또한 4학기가 끝날 때까지 숙달 수준이 10점 만점에 최소 7점 이상일 것으로 기대된다. 이는 '사례개념화: 숙달의 4단계' 채점기준표에서 적절 수준의 높은 수준에 해당한다. 우리 지역사회 수련상담자의 평균이 10점 만점에 4~5점으로 추정되므로, 우리는 학생들이 상당한 사례개념화 역량뿐만 아니라 다른 임상 역량도 갖추고 있다고 생각한다.

이 절의 요점은 사례개념화 역량은 계획적인 연습, 강사와 슈퍼바이저의 피드백, 그리고 점점 더 많은 학생들이 참여하는 마음챙김 연습을 통해 비교적 짧은 기간에 배우고 익힐 수 있다는 것이다.

결론

이 장에서는 사례개념화 역량의 숙달도를 높이는 데 유용한 몇 가지 방법을 소개했다. 표준화된 사례개념화 교육, 계획적인 연습,

마음챙김이라는 세 가지 증거 기반 개입을 설명했고, 몇 가지 추천하는 실습을 제시했다. 지난 10년간 이런 방식을 가르치고 슈퍼비전한 경험을 바탕으로, 우리는 이 역량을 15분이면 학습할 수 있고, 그 이후 여러 개입을 활용해 시간이 지남에 따라 숙달할 수 있다고 확신한다.

참고문헌

Casteleiro, G. A. (2021). *The effects of mindfulness training on student counselors' case conceptualization competency*. Doctoral dissertation, Florida Atlantic University, Boca Raton, FL.

Council for Accreditation of Counseling and Related Educational Programs. (2016). 2016 CACREP standards. Retrieved from http://www.cacrep.org/for-programs/2016-cacrep-standards

Ericsson, K. A., & Lehmann, A. C. (1996). Expert and exceptional performance: Evidence of maximal adaptation to task constraints. *Annual Review of Psychology*, *47*(1), 273-305.

Falender, C. A., & Shafranske, E. P. (2004). *Clinical supervision: A competency-based approach*. American Psychological Association.

Lipp, S. L. (2019). *The effects of case conceptualization training and deliberate practice coaching on counselor competence*. Doctoral dissertation. Available from ProQuest Dissertations & Theses Global (13814926).

Love, P. K., Davis, E. C., & Callahan, J. L. (2016). Deliberate interleaving practice in psychotherapy training. *Psychotherapy*, *51*(2), 16- 21.

Rønnestad, M. H., & Skovholt, T. M. (2013). *The developing practitioner: Growth and stagnation of therapists and counselors*. Routledge.

Rousmaniere, T. (2017). *Deliberate practice for psychotherapists: A guide to improving clinical effectiveness*. Routledge.

Sperry, J., Cunningham, A., Ainbinder, D., & Sperry, L. (2017). *Scaffolding case conceptualization across the curriculum*. Paper presented at the American Counseling Association annual conference, San Francisco, California, March 19, 2017.

Sperry, L. (2010). *Highly effective therapy: Developing essential clinical competencies in counseling and psychotherapy*. Routledge.

Sperry, L., & Carlson, J. (2014). *How master therapists work: Effecting change from the first through the last session and beyond*. Routledge.

Sperry, L., Gudeman, J. E., Blackwell, B., & Faulkner, L. R. (1992). *Psychiatric case formulations*. American Psychiatric Association.

Sperry, L., & Sperry, J. (2012). *Case conceptualization: Mastering this competency with ease and confidence* (2nd ed.). Routledge.

부록

대학원 교육과정의 사례개념화 교수법

사례개념화를 통해 내담자를 이해하는 것의 중요성은 잘 알려져 있지만, 일부 상담자들은 여전히 내담자에 대한 일관된 사례개념화 작성하는 것을 어려워한다. 또한 사례개념화 기술은 전문적인 권한이라서(CACREP, 2016) 여전히 많은 초보 정신건강 전문가에게는 어려운 부분이다. 우리는 상담, 심리학 및 사회복지 대학원 교육과정 전반에 걸쳐 사례개념화 모형의 구성요소를 통합할 수 있는 스캐폴드 교육모형을 제안한다. 이 스캐폴드 교육모형은 현재 상담현장 경험으로 이어지는 필수 과정 안에 사례개념화 기술을 넣은 여러 상담 프로그램에서 사용되고 있고 기록되고 있다. 대학원 교육에서 이런 필수 기술이 강조되면, 학생들은 전체 사례개념화의 구성요소를 배우고 연습해 숙달할 수 있다. 이 스캐폴드 모형을 사용하면 학생의 학습이 향상되고, 내담자와 상담할 때 자신감이 올라가며, 사례보고서를 작성하는 임상적 성과가 증가하는 것으로 나타났다(Sperry et al., 2017).

대학원 과정에서 이 사례개념화 모형의 다양한 공식화와 요소를 가르치고, 시연하고, 평가할 수 있는 다음과 같은 스캐폴드 모형을 제안한다. 사례개념화 중심의 교과과정 과제 지침과 교육적 제안도 함께 담았다.

교과과정	과제	사례개념화: 공식화 및 해당 요소
사회문화 기초	문화적 공식화 과제	문화적 공식화: 문화적 정체성, 문화적응 스트레스, 문화적 스트레스, 내담자의 문화적 설명, 문화 대 성격의 영향, 문화적 상담개입
성격이론	임상적 공식화 과제	임상적 공식화: 호소문제, 촉발요인, 패턴, 유발요인, 유지요인
정신병리학	진단적 공식화 과제	진단적 공식화: 호소문제, 촉발요인, 패턴
상담이론	임상적 공식화 과제	임상적 공식화: 호소문제, 촉발요인, 패턴, 유발요인, 유지요인, 상담계획
심리적 개입과 기법	상담개입 공식화 과제	상담개입 공식화: 상담 패턴, 상담목표(1차 목표, 2차 목표), 상담개입, 보호요인, 예측요인, 문화적 상담
실습	전체 사례개념화 보고서	전체 사례개념화: 모든 요소 포함
인턴십	전체 사례개념화 보고서	전체 사례개념화: 모든 요소 포함

진단적 공식화

▶ 정신병리학

- 진단적 공식화: 진단적 공식화 과제 5개

▶ 실습 및 인턴십 과정

- 사례보고: 진단적 공식화 및 감별 진단에 대한 논의
- 실습 배치 현장의 내담자들에 대한 종합적인 전체 사례보고서 10개

진단적 공식화 과제 지침

주어진 사례 삽화에 대해 한 페이지 분량의 진단적 공식화를

작성하고 DSM 진단을 한다. 제공된 사례 삽화 안에 있는 맥락의 관점에서 사례에 나타나는 기준을 표시한다. 요약 진술문을 작성하고 충족되는 기준의 수를 적는다. 마지막으로, DSM 코드 및 세부 진단명을 적는다.

진단적 공식화 교육적 내용

- 진단적 공식화를 검토한다.
- 사례 삽화 예시를 제공한다.
- 수업시간에 사례 삽화 및 사례 비디오를 보여 주고, 진단적 공식화를 실습한다.
- 과정질문: 정신건강 전문가는 상담계획을 세우기 위해 DSM 진단 및 패턴 진술문을 어떻게 사용할 것인가?

임상적 공식화

▶ 상담이론

- 임상적 공식화
  - 동일한 사례에 적용된 네 가지 이론적 배경(동영상 형식)
  - 내담자가 호소하는 문제의 유발요인을 설명하는 네 가지 이론적 관점의 영향을 개념화한다.
  - ① 증상과, ② 패턴 문제를 다룰 수 있는 이론적으로 일치된 개입을 제안한다.

▶ 실습 및 인턴십

- 전체 사례보고
  - 실습 배치 현장의 내담자에 대한 종합 사례보고서 8~10개
  - 진단적 공식화, 발달사, 내담자 자원 등에 맞춰 호소문제, 촉

발사건(들), 유발요인, 패턴, 유지요인의 요소들을 일관성 있게 요약한다.

임상적 공식화 교육적 내용

- 임상적 공식화 및 이론적 배경과의 연관성을 검토한다.
- 사례 삽화 예시를 제공한다.
- 수업시간에 사례 삽화 및 사례 영상을 보여 주고 임상적 공식화를 실습한다.

임상적 공식화 과제 지침

제공된 사례 삽화를 기반으로 임상적 공식화를 작성한다. 임상적 공식화에는 호소문제, 촉발요인, 패턴, 유발요인, 유지요인, 보호요인, 강점의 요소가 포함되어야 한다. 유발요인 진술문에는 생리심리사회적 배경을 사용한다. 유발요인 진술문에는 호소문제와 패턴을 모두 설명해야 한다.

문화적 공식화

▶ 사회문화적 기초

- 문화적 공식화
  - 개별 내담자 네 명의 호소문제(영상 형식 및 서면 형식)
  - 내담자의 호소문제에 미치는 문화적 요인의 영향을 개념화하고, 경험적으로 입증된 두 가지 상담 권고안을 작성한다.

▶ 상담기법

- 상담개입 공식화
  - 상담계획에 문화적 공식화 및 문화적으로 민감한 상담개입

권고안을 통합: 네 가지 과제

▶ 실습 및 인턴십

- 전체 사례보고
  - 실습 배치 현장의 내담자에 대한 전체 사례보고서 8~10개
  - 내담자의 문화적 정체성, 문화적응 스트레스, 문화적 요소, 내담자의 문화적 설명, 문화 대 성격의 영향, 문화적 상담의 요소들을 강조한다.

문화적 공식화 교육적 내용

- 문화적 공식화를 검토하고 문화적으로 민감한 상담을 강조한다.
- 문화적 공식화 삽화 예시를 제공한다.
- 수업 시간에 사례 삽화 및 사례 비디오를 보여 주고 문화적 공식화를 실습한다.
- 과정질문: 정신건강 전문가는 어떻게 문화적으로 민감하고 반응적인 상담을 하면서 가치관 강요를 피할 것인가?

문화적 공식화 과제 지침

제공된 사례 삽화를 기반으로 문화적 공식화를 작성한다. 문화적 공식화에는 문화적 정체성, 문화적 설명, 문화적 스트레스, 문화적응 스트레스, 문화 대 성격 요소에 대한 진술문이 포함되어야 한다. 제공된 사례의 호소문제를 다루기 위한 문화적으로 민감한 상담계획을 간략하게 작성한다.

상담개입 공식화

▶ 상담기법 관련 교과과정

- 상담개입 공식화
  - 상담개입 공식화를 강조하는 사례개념화 5개
  - 이론과 일치하는 상담개입 공식화 요소를 제안한다.
  - 학생들은 자신의 상담개입 공식화에 기반한 상담기법을 시연한다.

▶ 실습 및 인턴십 교과과정

- 사례보고: 상담을 결정하기 위한 상담개입 공식화
  - 실습 배치 현장의 내담자에 대한 종합 사례보고서 10개
  - 패턴, 상담목표(1차 및 2차 목표), 상담개입, 보호요인, 예측요인, 문화적 상담의 요소를 일관성 있게 요약한다.

상담개입 공식화 교육적 내용

- 상담개입 공식화 구성요소를 검토한다.
- 사례 삽화 예시를 제공한다.
- 수업시간에 사례 삽화 및 사례 비디오를 보여 주고, 상담개입 공식화를 실습한다.
- 명시된 질문을 다룬다.

상담개입 공식화 과제 지침

제공된 사례 삽화를 기반으로 상담개입 공식화를 작성한다. 상담개입 공식화에는 패턴, 상담목표(1차 및 2차 목표), 상담개입, 보호요인, 예측요인, 문화적 상담의 요소가 포함되어야 한다.

10장

패턴 중심 사례개념화: 기원과 증거

기원
증거
결론

과거에는 사례개념화를 임상적으로 유용하긴 하지만 필수적이거나 필요한 임상 역량으로 여기지 않았다. 따라서 사례개념화 역량에 대한 공식적인 교육은 제한적이거나 없었다. 그러나 지금은 사례개념화를 임상적으로 유용하며, 필수적이고 필요한 임상 역량으로 생각한다. 따라서 이러한 위상의 변화로 공식적인 교육에 대한 수요와 이 역량을 최대화하기 위한 교육 방법 연구에 대한 필요성이 크게 증가했다.

이 장에서는 사례개념화 교육에 대한 우리의 접근법이 지난 30년 간 프로그램 개발, 도구 개발, 수업 과정, 워크숍 및 출판물을 통해 어떻게 발전되어 왔는지 간략하게 설명하고자 한다. 먼저 이 역량을 학습하고 숙달하기 위한 15분 사례개념화 전략의 기초가 되는 패턴 중심 사례개념화 접근법의 기원과 개발 과정을 살펴보고, 그다음 사례개념화에 대한 증거 기반 교육모형을 실증적으로 지지하는 연구 여섯 개를 포함한 일련의 연구를 살펴볼 것이다.

기원

최근까지 사례개념화 사용을 신비롭게 여겼다. 그 이유는 사례개념화에 대한 표준적이고 합의된 형식이 없었고, 임상 사례보고서의 일부로 사례개념화를 작성하거나 요구하는 경우가 드물었기 때문이다(Sharfstein & Beigel, 1985). 그 당시 사례공식화라고 불렸던 사례개념화는 잘 알려지지 않았고, 거의 가르치지 않았으며, 사용하더라도 개별 슈퍼비전과 사례회의에서 가볍게 다루어졌다. 사례공식화를 채택한 최초의 정신건강전문직은 정신의학과로, 해당 위원회는 자격시험의 일환으로 최근 졸업생들을 대상으로 사례의 자료를 공식화하는 능력을 평가했다. 미국정신의학 및 신경학학회의 구두 자격시험에 해당하는 영국의 설문조사에 따르면, 87%의 심사위원이 지원자가 시험에 실패하는 주된 이유로 일관된 사례공식화를 제시하지 못하는 것을 꼽았다(Reveley, 1983).

필자(Len Sperry)가 사례개념화에 매료되기 시작한 때는 1986년 1월이었다. 그때 필자는 Wisconsin 의과대학의 교수가 되었고, 바로 정신의학 및 행동의학과의 외래환자 교육 클리닉의 임상 책임자로 임명됐다. 당시 그 학과의 걱정거리 중 하나는 정신의학과 레지던트들이 졸업 전에 치르는 실기 시험 구술 부분에서 합격률이 낮다는 것이었다. 이 시험은 졸업 후 치르는 해당 위원회의 자격시험을 모방해서 만들어졌기 때문에 이런 결과는 우려할 만한 일이었다. 치료 교육의 주요 책임자였던 필자는 점수가 낮은 이유가 레지던트들의 한정적인 사례개념화 기술 때문임을 알아채고, 클리닉에서 매주 열리는 주간 사례 회의의 초점을 사례개념화 기술의 숙달로 바꿨다. 그로부터 몇 달 후, 다시 치러진 실기 시험 구술 부분에서 모든 사람이 합격했을 뿐만 아니라 그들의 점수가 전국 모든 레지던트 과정 중 최고 점수라는 사실에 우리는 모두 기뻐했고 놀라워했다.

이 우연한 사건으로 필자는 임상의들에게 그들이 진료하는 내담자의 삶에 매우 긍정적인 영향을 미치는 역량을 갖추도록 하는 사례개념화의 가치에 매료됐다. 이는 출판물, 워크숍, 컨퍼런스 발표, 대학원의 심리치료 교육 프로그램 및 사례개념화에 관한 일련의 증거기반 연구로 이어졌다.

사례개념화에 관한 필자의 첫 번째 논문은 1989년에 출판됐다(Sperry, 1989). 1992년에는 7P(패턴, 호소문제, 촉발요인, 유발요인, 유지요인, 상담계획 및 예후) 접근법이 어떻게 사례를 개념화하는 데 사용하기 쉬운 전략을 제공하는지 설명하는 논문을 발표했다(Sperry, 1992). 같은 해에 7P 접근법에 대한 자세한 설명과 여러 임상적 예시가 포함된 책이 출판됐다(Sperry et al., 1992).

1990년대 초부터 책임이 중요해지면서 보험회사들은 더 객관적이고 표준화된 보고서를 요구했고 임상가들은 보험 청구를 하기 위해 사례개념화와 치료 계획을 갖춘 임상 보고서를 작성할 수 있는 이해하기 쉽고 사용 가능한 양식이 필요해졌다. 이런 필요성 때문에 빠르고 쉽게 보험 청구 문서를 작성할 수 있도록 상담자들을 위한 상담 플래너 책 시리즈가 나왔다. 가장 인기 있는 책 시리즈 중 하나는 현역으로 활동하고 있는 임상심리학자인 Edward Zuckerman(1991)가 쓴 『임상가 유의어 사전』이다. 그는 이미 두 개의 베스트셀러를 출간했는데, 3판(Zuckerman, 1993)[1]에 필자의 사례개념화 접근법에 대한 부분을 포함했다. 그는 일곱 개의 P에 대한 설명과 필자의 접근법을 적용하는 자세한 개요를 제시하고, 이 접근법이 사례개념화와 상담계획을 위해 "세심하게 계획된 접근법" (p. 212)이라고 결론지었다.

Zuckerman의 책 인기 덕분에 사례공식화 또는 개념화를 해야 하는 많은 임상가들에게 필자의 접근법이 가장 먼저 소개된 것이 아닌가 싶다. 그 이후로 7P 전략이 사례를 개념화하는 틀로 사용되어 다른 사람들이 쓴 몇몇 논문과 책에 나오게 됐다.

개인별 사례개념화와 유사점과 차이점이 있는 가족 사례개념화 접근법에 대한 첫 번째 내용은 2005년에 발표됐다(Sperry, 2005). Sperry와 Sperry(2020)에 개정된 버전이 실려 있고, 이 책에도 나온다. 개인상담 사례개념화 역량에 대한 자세한 설명과 예시는 2010년에 발표됐다(Sperry, 2010a, 2010b). 나중에 보호요인 범주가 P에 추가됐고, 이 책에서 예측요인으로 불리는 예후는 상담의 장애요인으로 대체됐다(Sperry & Sperry, 2012).

우리 사례개념화 접근법의 통합 버전에 대한 자세한 설명과 임상 사례는 공동저서의 초판(Sperry & Sperry, 2012)과 2판(Sperry & Sperry, 2020)에 나온다. 두 출판물에서 우리는 우리 접근법의 공통 지표 또는 공통 요소가 인지행동 이론, 단기역동 이론, 아들러 이론, 문제해결 중심 이론, 생리심리사회적 이론, 수용전념치료 등 대중적인 이론적 접근법의 핵심 요소와 어떻게 통합될 수 있는지 보여 주었다.

1 역자 주: 유성진, 한경훈, 노가은 공역(2023). 정신건강 임상가를 위한 핸드북: 면담 수행 및 보고서 작성 지침. 학지사.

증거

패턴 중심 사례개념화 접근법과 그 교육 프로토콜은 Len Sperry (1992, 2010a, 2010b)에 의해 개발되었으며, 이 접근법은 여섯 개의 연속적인 실증적 연구를 포함한 필자의 연구에 영향을 미쳤다. Tracy Eells와 동료들(Eells et al., 1998, 2005)의 획기적인 연구는 플로리다 애틀랜틱 대학교(Florida Atlantic University)에서 진행된 사례개념화 교육에 대한 필자의 연구에 영감을 주었다. 이 연구의 핵심은 한 학기 동안 진행되는 대학원 과정이나 실제 또는 가상의 독립된 교육 실습에 들어갈 수 있는 워크숍 형식의 두 개의 2시간짜리 표준화된 학습 실습을 포함하는 표준화된 교육 개입이다. 최소한의 조정을 거치면 이는 연구로 전환할 수 있다. 이 교육 실습을 하기 전에, 참가자들은 15분 이내에 표준화된 사례에 대해 사례개념화 진술문 초안을 작성한다. 교육과정을 마친 후에 바로 참가자들은 교육과정에서 배우고 실습한 새로운 전략을 활용해 15분 이내에 같은 사례에 대해 또 다른 사례개념화 진술문 초안을 작성한다. 그다음 두 개의 사례개념화 진술문은 교수와 워크숍 강사, 연구의 경우엔 연구와 관련 없는 훈련된 평가자 두 명에 의해 사례개념화 평가 양식(CCEF)으로 채점된다.

첫 번째 연구에는 사례개념화 평가 양식의 검증과 비교 집단이 없는 첫 번째 2시간짜리 표준화된 교육 실습의 개발이 포함되었다. 두 번째 연구에는 실험집단과 비교집단이 포함되었다. 네 개의 후속 연구에는 '간편' 사례개념화를 전개하는 데 초점을 맞춘 2시간짜리 입문 워크숍에 이어 4~6주 후에 '전체' 사례개념화를 전개하는 데 초점을 맞춘 고급 워크숍이 이어지는 종단 설계를 포함했다. 워크숍을 하기 전에 작성된 참가자들의 첫 번째 사례개념화 진술문은 1~100점 척도상 평균 20점이었는데, 워크숍 후 작성된 두 번째 사례개념화 진술문은 70점 이상으로 점수가 크게 높아졌다.

또한 이 연구 분야에 속한 각각의 연구는 특정 요인(인지 복잡성, 자기효능감 수준, 증거 기반 상담에 대한 태도 등)과 이 특정 요인이 사례개념화를 전개하는 능력에 미치는 영향을 조사하도록 설계됐다. 가장 최근에 이루어진 세 개의 연구에서는 특정한 교육 개입(계획적인 연습 코칭, 마음챙김 연습, 성찰 연습 코칭)이 사례개념화 능력 향상에 미치는 영향을 평가했다. 연구 중 네 개(Stoupas, 2016; Lipp, 2019; Binensztok, 2019; Casteleiro, 2021)는 '간편' 사례개념화 전개에 초점을 맞춘 2시간짜리 입문 워크숍에 이어 4~6주 후에 '전체' 사례개념화를 전개하는 데 초점을 맞춘 고급 워크숍이 이어지는 종단 설계가 포함된 연구였다. 대학원생 참가자들이 워크숍 전에 작성한 첫 번째 사례개념화 진술문은 1~100점 척도에서 평균 20점이었는데, 워크숍 후 작성한 두 번째 사례개념화 진술문은 70점 이상으로 점수가 크게 높아졌다. 이런 연구 중 한 연구에서는 지역사회의 상담자들이 첫 번째 사례개념화 과제에서는 평균 20점을 받았는데(Stoupas, 2016), 표준화된 교육을 이수한 후에는 70점으로 점수가 3.5배 더 높아진 것으로 나타났다. 이런 각각의 연구에 대한 결과는 다음과 같다.

사례개념화와 인지 복잡성

사례개념화 통합 모형으로 하는 일련의 연구 중 첫 번째 연구는 Sperry(2014)가 개발한 표준화된 '간편' 사례개념화 교육 개입을 평가하는 Smith Kelsey(2014)의 연구였다. 또 이 연구에서는 참가자의 사례개념화 역량을 평가하기 위해 Len Sperry(2012a)가 개발한 새로운 도구인 사례개념화 평가 양식 1.0(CCEF 1.0)의 심리측정 속성과 사례개념화에 대한 태도를 평가하기 위한 사례개념화에 대한 태도(VACC) 도구(Sperry, 2012b)의 심리측정 속성을 평가했다.

워크숍 전후의 사례개념화 역량은 CCEF 1.0과 Eells와 동료들(1998)이 개발한 사례공식화 내용코딩 방법(CFCCM)으로 측정했으며, 이를 CCEF 1.0과 비교했다. 사례개념화에 대한 참여자의 태도는 VACC(Sperry, 2012b)로 평가했고, 인지 복잡성은 인지적 인지 설문지(CCQ)로 측정했다. 이 연구의 표본은 세 개 대학교의 상담 과정 석사급 수련생으로 구성됐다.

CCEF 1.0 및 CFCCM 점수 모두에서 큰 효과가 있는 것으로 나타났다. CCEF 1.0의 7개 문항은 간결성, 사용 편이성, 사전-사후 검사 간의 변별력 측면에서 CFCCM의 94개 대응 문항을 능가했다. 따라서 이는 후속 연구의 표준 측정값이 됐다. 이 연구에서 사전검사(M=14.84)와 사후검사(M=40.89) 간의 CCEF 1.0 평균 점수는 26.05점 증가한 것으로 나타났다. 인지 복잡성이 수련생의 사례개념화 질에 미치는 유의미한 영향은 없는 것으로 나타났다.

사례개념화와 자기효능감

두 번째 연구는 표준화된 '간편' 사례개념화 교육 개입을 사례개념화 강의만 받는 비교집단과 비교했다(Ladd, 2015). 또한 상담자의 자기효능감이 수련생의 사례개념화 질에 미치는 영향을 살펴보았다. 사례개념화 역량은 CCEF 1.0으로 측정했고, 상담자의 자기효능감은 상담자 자기평가 검사지로 측정했다. 이 연구의 표본은 세 개 대학교의 상담 과정 석사급 수련생으로 구성됐다.

실험집단의 CCEF 1.0 점수에서 큰 효과가 있는 것으로 나타났다. 간단한 강의는 사례개념화에 대한 오해를 줄이는 데 효과적이었다. 실험집단은 CCEF 1.0 평균 점수가 사전검사(M=8.23)에서 사후검사(M=44.12)로 35.89점 상승해 비교집단을 능가했다. 비교집단의 평균 점수는 사전검사(M=8.93)에서 사후검사(M=24.23)로 15.3점 증가했다. 상담자의 자기효능감은 교육과 수련생의 CCEF 1.0 점수 간에 약한 매개 효과가 있는 것으로 나타났다.

끝으로, 연구에서는 약한 매개 효과가 있는 것으로 나타났지만, 이는 상담 수련생과 상담자들의 자기효능감을 개발하고 지원하여 사례를 개념화하고 내담자를 상담하는 그들의 능력에 대한 자신감을 높일 수 있다는 추가적인 증거를 보여 주고 있다.

사례개념화와 증거 기반 상담에 대한 태도

세 번째 연구는 지역사회의 임상가들이 참여한 표준화된 '전체' 사례개념화 교육 개입을 사례개념화 강의만 받는 비교집단과 비교하였다(Stoupas, 2016). Len Sperry(2015a, 2015b)는 전체 사례개념화 워크숍을 평가하기 위해 '전체' 교육 개입 도구와 그와 동반되는 사례개념화 평가 양식 2.0(CCEF 2.0)을 개발했다. 개입 도구는 처음 2시간의 '간편' 사례개념화 워크숍을 하고 4주 후에 실시됐다. 이 연구의 두 번째 목적은 증거 기반 상담에 대한 태도가 상담자의 사례개념화에 미치는 영향을 살펴보는 것이었다. 연구에서는 심리치료를 과학적 가치 연구로 보는 사람들이 증거 기반 상담에 대해 긍정적인 태도를 가진다고 보고, 이런 사람들이 증거 기반 상담에 대해 낮은 수준 또는 부정적인 태도를 가진 사람들에 비해 사례개념화 역량을 높이기 위한 노력에 참여할 가능성이 더 높을 것이라는 가설을 세웠다. 사례개념화 역량은 CCEF 2.0으로 측정했고, 증거 기반 상담에 대한 태도는 증거 기반 상담 태도 척도(EBPAS)로 측정했다. 이 연구의 표본은 지역사회 임상가들(자격증이 있는 임상사회복지사, 자격증이 있는 정신건강상담자, 등록된 정신건강상담자 인턴 등)로 구성됐다.

CCEF 2.0 점수에서 큰 효과가 있는 것으로 나타났는데, CCEF 2.0 평균 점수가 첫 번째 워크숍의 사전검사(M=11.93)에서 두 번째 워크숍의 사후검사(M=66.30)로 54.37점 상승한 결과를 보였다. 또한 증거 기반 상담에 대한 긍정적인 태도는 사례개념화를 중요하게 보는 것 및 그 과정에 대한 자신감과 상관이 있었다.

이 연구는 시간 경과에 따른 교육의 영향을 평가하는 종단 설계를 실행한 최초의 연구였다. 또한 통합 모형의 연구에서 지역사회의 전문 자격을 갖춘 임상가의 역량을 평가한 최초의 연구이기도 했다.

사례개념화와 성찰적 연습

네 번째 연구는 표준화된 '전체' 사례개념화 교육을 개별적으로 제공된 성찰적 연습 코칭과 비교하는 연구였다(Binensztok, 2019). 실험집단은 간편 및 전체 워크숍과 함께 기술 습득을 높이기 위한 성찰적 연습 코칭을 받았고, 비교집단은 간편 및 전체 워크숍만 받았다. 이 연구에서는 성찰적 연습이 개인상담에서 사례를 개념화하고 계획을 수립하는 역량에 미치는 매개 효과를 탐색했다. 사례개념화 역량은 CCEF 2.0으로 측정했고, 수련생의 자기성찰 능력의 변화는 학습 성찰 척도(RLS)로 측정했다. 또한 증거 기반 상담에 대한 태도는 EBPAS로 측정했다. 참가자는 두 개 대학교의 상담 과정 석사급 수련생들이었다.

이 연구에서 모든 참가자의 CCEF 2.0 평균 점수는 첫 번째 워크숍의 사전검사(M=11.2)에서 두 번째 워크숍의 사후검사(M=52.29)로 41.09점 상승한 것으로 나타났다. 실험집단(M=72.64)과 비교집단(M=46.81) 간의 CCEF 2.0 평균 점수 차이는 25.83점이었다. 또한 연구는 성찰적으로 사고하는 연습과 관련해 RLS 점수에서 통계적으로 유의미한 차이는 있지만, 성찰적 코칭 회기를 추가로 실시하면 임상적으로 더 유의미한 결과가 나올 가능성이 높다는 것을 시사하였다.

사례개념화와 계획적인 연습

다섯 번째 연구는 표준화된 '전체' 사례개념화 교육을 개별적으로 제공된 계획적인 연습 코칭과 비교하는 것이었다(Lipp, 2019). 실험집단은 간편 및 전체 워크숍과 함께 계획적인 연습 코칭을 받았지만, 비교집단은 간편 및 전체 워크숍만 받았다. 사례개념화 역량은 CCEF 2.0으로 측정했고, 수련생의 계획적인 연습에 따른 변화는 Moulaert 질문지로 측정했다. 증거 기반 상담에 대한 태도는 EBPAS

를 사용해 측정했다. 이 연구의 표본은 두 개 대학교의 상담 과정 석사급 수련생으로 구성됐다.

이 연구에서도 교육의 결과로 CCEF 2.0 점수에서 큰 효과가 있는 것으로 나타났다. 계획적인 연습 코칭을 받은 참가자들은 비교집단을 능가했다. 이 연구에서 모든 참가자의 CCEF 2.0 평균 점수는 첫 번째 워크숍의 사전검사(M=6.73)에서 두 번째 워크숍의 사후검사(M=54.14)로 47.41점 상승한 것으로 나타났다. 그러나 사후검사 점수는 집단별로 차이가 있었다. 실험집단은 첫 번째 워크숍 사전검사(M=7.0)와 두 번째 워크숍 사후검사(M=69.8) 간의 CCEF 2.0 평균 점수 차이가 62.8점이었다. 반면, 비교집단은 첫 번째 워크숍 사전검사(M=6.54)와 두 번째 워크숍 사후검사(M=46.8) 간의 CCEF 2.0 평균 점수 차이가 40.26이었다. 또한 (CCEF 2.0으로 측정한) 사례개념화 역량은 석사급 수련생에서 시간이 지나도 사라지지 않는 것으로 나타났다. 이 연구의 주요 시사점은 사례개념화 기술과 역량의 습득을 유지하려면 교과과정 전반에 걸쳐 상담 교육 프로그램에 계획적인 연습 요소를 통합해야 한다는 것이다.

사례개념화, 상태불안, 마음챙김 연습

여섯 번째 연구에서는 표준화된 '전체' 사례개념화 교육을 개별적으로 제공된 마음챙김 연습과 비교했다(Casteleiro, 2021). 실험집단은 간편 및 전체 워크숍과 함께 마음챙김 연습을 받았고, 비교집단은 간편 및 전체 워크숍만 받았다. 불안은 기술 습득에 부정적인 영향을 미치기 때문에, 마음챙김이 사례개념화 역량과 관련된 기술을 학습하는 동안 불안을 감소시킬 것이라는 가설을 세웠다. 실험집단의 참가자들은 연구 과정 내내 매주 컴퓨터로 추적 관찰되는 마음챙김 개입을 받았다. 사례개념화 역량은 CCEF 2.0으로 측정했고, 수련생의 불안 수준 변화는 상태불안 질문지로 측정했다. 수련생의 마음챙김 변화는 5요인 마음챙김 척도로 측정했다. 이 연구의 표본은 두 개 대학교의 상담 과정 석사급 수련생들로 구성됐다.

연구 결과는 마음챙김이 사례개념화 교육에 가치 있는 추가 요소이며, 사례개념화 역량을 습득하는 데 도움이 되는 것으로 나타났다. 마음챙김 개입은 컴퓨터로 할 수 있는 마음챙김 연습을 통해 수련생들이 마음챙김 연습을 학습하고 사례개념화 역량을 습득할 수 있도록 지원하는 도구를 제공했다.

결론

이 장에서는 사례개념화 교육에 대한 우리의 패턴 중심 접근법이 지난 30년간 프로그램 개발, 도구 개발, 교과과정, 워크숍 및 출판물을 통해 어떻게 발전되어 왔는지 설명했다. 사례개념화 역량을 학습하고 숙달하기 위한 15분 사례개념화 전략의 기초가 된 패턴 중심 사례개념화 접근법의 기원과 발전 과정을 살펴보고, 사례개념화를 위한 증거 기반 교육모형을 실증적으로 지지하는 일련의 연구를 설명했다. 여섯 개의 실증적 연구 결과와 그 결과들의 사례개념화 문헌에 대한 구체적인 기여를 강조했다.

참고문헌

Binensztok, V. (2019). The influence of reflective practice on the case conceptualization competence of counselor trainees. Doctoral dissertation, Florida Atlantic University, Boca Raton, FL. Retrieved from http://fau.digital.flvc.org/islandora/object/fau%3A41326/datastream/OBJ/view/The_Influence_of_Reflective_Practice_on_the_Case_Conceptualization_Competence_of_Counselor_Trainees.pdf

Casteleiro, G. A. (2021). *The effects of mindfulness training on student counselors' case conceptualization competency*. Doctoral dissertation, Florida Atlantic University, Boca Raton, FL.

Eells, T. D., Kendjelic, E. M., & Lucas, C. P. (1998). What's in a case formulation? Development and use of a content coding manual. *Journal of Psychotherapy Practiceand Research*, *7*(2), 144-153.

Eells, T. D., Lombart, K. G., Kendjelic, E. M., Turner, L. C., & Lucas, C. (2005). Thequality of case formulations: A comparison of expert, experienced, and novice cognitive-behavioral and psychodynamic therapists. *Journal of Consulting and Clinical Psychology*, *73*(4), 579-589.

Kelsey, E. S. (2014). The effect of case conceptualization training on competence and its relationship to cognitive complexity. Doctoral dissertation, Florida Atlantic University, Boca Raton, FL. Retrieved from https://fau.digital.flvc.org/islandora/object/fau:13675/datastream/OBJ/view/The_effect_of_case_conceptualization_training_on_competence_and_its_relationship_to_cognitive_complexity.pdf

Ladd, C. (2015). The effect of case conceptualization on counselor competence and the influence of self-efficacy. Doctoral dissertation,

Florida Atlantic University, Boca Raton, FL. Retrieved from http://fau.digital.flvc.org/islandora/object/fau%3A31592/datastream/OBJ/view/The effect_of_case_conceptualization_training_on_counselor_competence_and_the_influence_of_self-efficacy.pdf

Lipp, S. L. (2019). The effects of case conceptualization training and deliberate practice coaching on counselor competence. Doctoral dissertation, Florida Atlantic University, Boca Raton, FL. Retrieved from http://fau.digital.flvc.org/islandora/object/fau%3A41371/datastream/OBJ/view/The_Effects_of_Case_Conceptualization_Training_and_Deliberate_Practice_Coaching_on_Counselor_Competence.pdf

Reveley, A. (1983). Why do candidates fail the MRC Psych Part II? *Bulletin of the Royal College of Psychiatrists*, *5*(1), 51.

Sharfstein, S., & Beigel, A. (Eds.). (1985). *The new economics and psychiatric care*. American Psychiatric Press.

Sperry, L. (1989). Integrative case formulations: What they are and how to write them. *Journal of Individual Psychology*, *45*, 500-507.

Sperry, L. (1992). Demystifying the psychiatric case formulation. *Jefferson Journal of Psychiatry*, *10*(2), 12-19.

Sperry, L. (2005). Case conceptualization: A strategy for incorporating individual, couple and family dynamics in the treatment process. *American Journal of Family Therapy*, *33*(5), 353-364.

Sperry, L. (2010a). *Core competencies in counseling and psychotherapy: Becoming a highly competent and effective therapist*. Routledge.

Sperry, L. (2010b). *Highly effective therapy: Developing essential clinical competencies in counseling and psychotherapy*. Routledge.

Sperry, L. (2012a). Case Conceptualization Evaluation Form (CCEF 1.0) [Measurement instrument]. Published instrument. Florida Atlantic University.

Sperry, L. (2012b). Views About Case Conceptualization (VACC)

[Measurement instrument]. Published instrument. Florida Atlantic University.

Sperry, L. (2014). *Brief case conceptualization training workshop*. Unpublished report. Florida Atlantic University.

Sperry, L. (2015a). *Full-scale case conceptualization training workshop*. Unpublished report. Florida Atlantic University.

Sperry, L. (2015b). Case Conceptualization Evaluation Form 2.0. (CCEF 1.0) [Measurement instrument]. Published instrument. Florida Atlantic University.

Sperry, L., Blackwell, B., Gudeman, J., & Faulkner, L. (1992). *Psychiatric case formulations*. American Psychiatric Press.

Sperry, L., & Sperry, J. (2012). *Case conceptualization: Mastering this competency with ease and confidence*. Routledge.

Sperry, L., & Sperry, J. (2020). *Case conceptualization: Mastering this competency with ease and confidence* (2nd ed.). Routledge.

Stoupas, G. (2016). The effects of case conceptualization training over time and its relationship to practitioner attitudes towards evidence-based practice. Doctoral dissertation, Florida Atlantic University, Boca Raton, FL. Retrieved from http://fau.digital.flvc.org/islandora/object/fau%3A33960/datastream/OBJ/view/The_Effects_of_Case_Conceptualization_Training_Over_Time_and_Its_Relationship_to_Practitioner_Attitudes Towards_Evidence-Based_Practice.pdf

Zuckerman, E. L. (1991). *The clinician's thesaurus: A guidebook to wording psychological reports and other evaluations*. Three Wishes Press

Zuckerman, E. L. (1993). *The clinician's thesaurus 3: The guidebook for wording psychological reports and other evaluations* (3rd ed.). The Clinician's Toolbox.

부록

사례개념화 양식

사례개념화 평가 양식

사례개념화 기반 평가

간편 사례개념화 활동지

전체 사례개념화 활동지

사례개념화 활동지

사례개념화 평가 양식

지침: 작성한 사례개념화 진술문을 다음의 행동지표 관점에서 가장 잘 나타낸 숫자(0~10점 척도)에 동그라미 하세요.

1. 호소문제와 촉발요인

0 -------- 1 -------- 2 -------- 3 -------- 4 -------- 5 -------- 6 -------- 7 -------- 8 -------- 9 -------- 10

호소문제 및/또는 촉발요인 및/또는 이 둘 간의 연결을 인식하지 못함	호소문제와 촉발요인과 이 둘 간의 연결을 부분적으로 인식함	호소문제와 촉발요인과 이 둘 간의 연결을 완전하고 정확하게 인식함

2. 패턴

0 -------- 1 -------- 2 -------- 3 -------- 4 -------- 5 -------- 6 -------- 7 -------- 8 -------- 9 -------- 10

(촉발요인과 호소문제의 연결을 설명하는) 내담자의 부적응 패턴을 완전히 파악하지 못함 또는 기억할 수 있는 짧은 문구로 서술하지 못하거나 쉽게 추론하지 못함	(촉발요인과 호소문제의 연결을 설명하는) 내담자의 부적응 패턴을 부분적으로 파악함 약간 기억할 수 있는 짧은 문구로 서술하거나 추론함	(촉발요인과 호소문제의 연결을 설명하는) 내담자의 부적응 패턴을 완전하고 정확하게 파악함 기억할 수 있는 짧은 문구로 서술할 수 있고 쉽게 추론함

3. 유발요인과 유지요인

0 -------- 1 -------- 2 -------- 3 -------- 4 -------- 5 -------- 6 -------- 7 -------- 8 -------- 9 -------- 10

기원/원인(패턴과 호소문제의 기능에 영향을 미치는 생리적 · 심리적 · 사회적 요인)에 대한 설명과 호소문제와 패턴을 유지하는 요인에 대한 설명을 못하거나 부족하게 함	기원/원인(패턴과 호소문제의 기능에 영향을 미치는 생리적 · 심리적 · 사회적 요인)에 대한 설명과 호소문제와 패턴을 유지하는 요인에 대한 설명을 부분적으로 함	기원/원인(패턴과 호소문제의 기능에 영향을 미치는 생리적 · 심리적 · 사회적 요인)에 대한 설명과 호소문제와 패턴을 유지하는 요인에 대한 설명을 완전하고 정확하게 함

4. 보호요인/강점

0 -------- 1 -------- 2 -------- 3 -------- 4 -------- 5 -------- 6 -------- 7 -------- 8 -------- 9 -------- 10

내담자의 강점 및/또는 보호요인을 파악하지 못하거나 부족하게 함 상담개입에 이런 요소의 반영 여부 및 반영을 명시하지 못하거나 부족하게 함	내담자의 강점 및/또는 보호요인을 상당히 파악함 상담개입에 이런 요소의 반영 여부 및 반영을 적정하게 명시함	내담자의 강점 및/또는 보호요인을 완전하고 정확하게 파악함 상담개입에 이런 요인의 반영 여부와 반영을 완전하고 정확하게 명시함

5. 성격–문화

0 -------- 1 -------- 2 -------- 3 -------- 4 -------- 5 -------- 6 -------- 7 -------- 8 -------- 9 -------- 10

문화 정체성, 문화적응, 문화적 설명, 문화–성격의 관계 등 문화적 요인을 파악하지 못하거나 부족하게 함 문화적 상담개입 여부와 상담개입을 기록하지 않거나 부족하게 함	문화 정체성, 문화적응, 문화적 설명, 문화–성격의 관계 등 문화적 요인을 상당히 파악함 문화적 상담개입 여부와 상담개입을 적정하게 명시함	문화 정체성, 문화적응, 문화적 설명, 문화–성격의 관계 등 문화적 요인을 완전하고 정확하게 파악함 문화적 상담개입 여부와 상담개입을 정확하게 명시함

6. 상담계획

0 -------- 1 -------- 2 -------- 3 -------- 4 -------- 5 -------- 6 -------- 7 -------- 8 -------- 9 -------- 10

호소문제와 진단을 파악하지 못함 부적응 패턴과 적응적 패턴을 명시하지 못함 적절한 1차, 2차 목표와 해당되는 상담개입을 명시하지 않음	호소문제와 진단을 부분적으로 파악함 부적응 패턴과 적응적 패턴을 부분적으로 명시하거나 표현함 적절한 1차, 2차 목표와 해당되는 상담개입을 부분적으로 명시함	호소문제와 진단을 완전하고 정확하게 파악함 부적응 패턴과 적응적 패턴을 완전하고 정확하게 명시함 적절한 1차, 2차 목표와 해당되는 상담개입을 명시함

7. 설명력

0 -------- 1 -------- 2 -------- 3 -------- 4 -------- 5 -------- 6 -------- 7 -------- 8 -------- 9 -------- 10

설명을 하지 못하거나 부족함 및/또는 호소문제, 촉발요인, 패턴, 유발요인, 유지요인의 연결이 불충분함

유발요인에 대한 설명이 부족하고 설득력이 없음

사례의 몇몇 자료가 적합하지 않거나 부족함

충분한 설명이 적정하게 명시되어 있고 호소문제, 촉발요인, 패턴, 유발요인, 유지요인이 적정하게 연결됨

사례의 자료 대부분이 적합하여 유발요인에 대한 설명이 보통이고 상당한 설득력이 있음

호소문제, 촉발요인, 패턴, 유발요인, 유지요인을 완벽하게 연결하는 설명을 완전하고 정확하게 명시함

사례의 모든 자료가 적합하여 유발요인에 대한 설명이 충분하고 설득력이 매우 높음

8. 맞춤력

0 -------- 1 -------- 2 -------- 3 -------- 4 -------- 5 -------- 6 -------- 7 -------- 8 -------- 9 -------- 10

상담계획과 개입을 내담자의 고유한 패턴, 욕구, 기대, 준비도에 맞춰 조정하지 못하거나 부족하게 함

상담계획과 개입을 내담자의 고유한 패턴, 욕구, 기대, 준비도에 맞춰 적정하게 조정함

상담계획과 개입을 내담자의 고유한 패턴, 욕구, 기대, 준비도에 맞춰 완전하고 정확하게 조정함

9. 예측력

0 -------- 1 -------- 2 -------- 3 -------- 4 -------- 5 -------- 6 -------- 7 -------- 8 -------- 9 -------- 10

상담의 장애요인(낮은 준비도, 순응하지 않음, 전이/역전이, 종결)과 변화 촉진요인(내담자의 자원과 강점, 사회적 지지 등)을 예측하지 못함. 또는 부족하게 함

상담의 장애요인(낮은 준비도, 순응하지 않음, 전이/역전이, 종결)과 변화 촉진요인(내담자의 자원과 강점, 사회적 지지 등)을 적정하게 예측함

상담의 장애요인(낮은 준비도, 순응하지 않음, 전이/역전이, 종결)과 변화 촉진요인(내담자의 자원과 강점, 사회적지지 등)을 완전하고 정확하게 예측함

10. 일관성

0 -------- 1 -------- 2 -------- 3 -------- 4 -------- 5 -------- 6 -------- 7 -------- 8 -------- 9 -------- 10

사례개념화에 포함된 모든 지표들에 대한 설명이 일관적이지 않거나 논리적이지 않음 – 낮은 수준의 일관성	사례개념화에 포함된 모든 지표들에 대한 설명이 부분적으로 일관적이고 논리적임 – 보통 수준의 일관성	사례개념화에 포함된 모든 지표들에 대한 설명이 완전히 일관적이고 논리적임 – 높은 수준의 일관성

사례개념화 기반 평가

아홉 개의 행동지표	기본 선별질문	세부 지침
호소문제와 촉발요인	• "어떤 문제로 오셨나요?" • "현재 문제가 삶에 어떤 방식으로 문제를 일으키나요?" • "두 달 전이 아니라 왜 지금 도움을 받으려고 하나요?" • "최근에 큰 스트레스를 받았거나 삶의 변화가 있었나요?"	문제의 목록(호소문제)과 최근 또는 진행 중인 촉발사건(촉발요인)을 명확히 한다.
부적응 패턴 또는 적응적 패턴	• "자신을 어떤 사람이라고 설명하시겠어요?" • "당신과의 관계에서 문제를 일으키는 사람들과 관계를 맺는 방법이 있나요?" • "약점이나 개선하고 싶은 부분은 무엇인가요?"	패턴의 주제와 목표의 방향을 명확히 한다.
유발요인	상담자의 이론적 지향에 따라 여기에 활용하는 평가 과정과 질문은 달라진다.	내담자의 이야기를 끌어내고, 이론적인 렌즈(유발요인)를 통해 이에 대한 이해의 가설을 세운다.
유지요인	• "무엇이 문제/증상을 악화시키나요?"	환경적이거나 심리적일 수 있는 위험요인과 유지요인을 찾아본다.
문화적 요인: 문화적 정체성, 문화적응 수준, 문화적응 또는 문화적 스트레스, 설명모형	• "민족적 배경은 무엇인가요?" • "동일시하는 문화집단은 무엇인가요?" • "당신은 몇 세대인가요?" • "어떤 언어를 사용하는 것을 더 좋아하세요?" • "사회 활동을 할 때 누구와 함께 참여하는 것을 더 좋아하세요?"	민족 정체성, 인종, 연령, 성별 및 성적 취향, 종교, 이주 및 출신 국가, 사회경제적 지위, 문화적응 수준, 언어, 식습관 영향 및 교육
	• "이런 증상(문제)을 보이는 이유를 어떻게 설명하시겠어요?"	내담자의 설명 모형을 명확히 하고, 상호 동의할 수 있는 사례개념화를 협의하기 위한 단계를 설정한다.

보호요인 및 강점	• "삶에서 무엇이 잘되고 있나요?" • "강점은 무엇인가요?" • "무엇에 열정을 쏟고 있나요?" • "정서적 지원이 필요할 때 누구에게 연락할 수 있나요?"	내담자의 삶에서 긍정적인 결과를 이끌어 내는 요인을 경청한다. 이런 요인들을 상담 과정에 통합한다.
	• "이 문제를 최근에는 어떻게 다루었고, 과거에는 어떻게 다루었나요?"	변화를 일으키는 데 있어 과거의 노력과 성공을 다루는 내담자 자신의 노력을 탐색한다.
상담계획	• "상담회기에서 무엇을 얻고 싶은가요?" • "상담회기의 결과로 일어나기를 바라는 현실적인 목표는 무엇인가요?"	상담목표를 도출한다.
	• "호소문제가 얼마나 잘 해결되었나요? • 이 과정에서 개선이 일어나도록 하는 데 당신은 어떤 역할을 했다고 생각하나요? 상담자는 어떤 역할을 했을까요?"	상담에 대한 기대와 변화하려는 내담자의 동기를 확인한다.
	• "언제쯤 상황이 나아질 것으로 예상하나요?" • "1~10의 척도에서, 확인된 목표를 달성하기 위한 준비가 얼마나 되어 있나요?"	변화의 준비도 수준을 구체화한다. 내담자의 변화 단계와 상담 기대에 따라 맞춤 개입을 한다.
예측요인	• "상담목표를 달성하는 데 방해가 될 수 있는 도전과제나 이슈는 무엇인가요?"	내부 및 외부의 장애요인과 도전과제를 구체화하고, 그런 장애요인을 완화하거나 극복하기 위해 상호 합의된 전략을 결정한다.

간편 사례개념화 활동지

지침: 간편 사례개념화의 다섯 단계를 문구나 문장으로 작성한다. 그다음 이런 문장을 활용해 제시된 빈칸에 간편 사례개념화 진술문을 작성한다.

1. 호소문제와 촉발요인을 탐색하고 이들 간의 연결을 구체화한다.

   호소문제: ______________________________

   촉발요인: ______________________________

2. 내담자의 기본적 움직임과 목적을 탐색한 후, 짧고 간명하게 부적응 패턴을 기록한다.

   패턴: ______________________________

3. 부적응 패턴과 호소문제의 근원을 생리심리사회적 요인의 측면에서 효과적으로 설명하는 유발요인을 탐색하고 진술문을 작성한다. 그다음 유지요인(부적응 패턴과 호소문제을 유지하는 요인)을 탐색한다.

   생리적 요인: ______________________________

   심리적 요인–성격 패턴: ______________________________

   –자기관: ______________________________

   –타인관: ______________________________

   –부족한 기술: ______________________________

사회적 요인—현재: ______________________________

—과거: ______________________________

유지요인: ______________________________

4. 계획을 확인하고 작성한다(상담목표, 1차 및 2차 목표, 이 목표를 달성할 수 있는 상담개입).

상담목표

1차 목표: ______________________________

2차 목표: ______________________________

상담개입: ______________________________

____

____

문화적으로 민감한 상담개입: ______________________________

____

____

5. 내담자의 성격유형과 패턴, 변화 준비도, 가능성 있는 참여 및 종결 문제, 상담 순응도, 전이 및 역전이 문제를 기반으로 상담의 장애요인과 도전과제, 변화 촉진요인을 탐색한다.

____

____

호소문제/증상	목표	상담개입

1~5번에 대한 답을 연결하여 간편 사례개념화 진술문을 작성한다.

전체 사례개념화 활동지

지침: 전체 사례개념화 활동지의 빈칸을 문구나 문장으로 작성한다. 그다음 이런 문장을 활용해 제시된 빈칸에 전체 사례개념화 진술문을 작성한다.

1. 호소문제와 촉발요인을 탐색하고 이들 간의 연결을 구체화한다.

   호소문제: ______________________________

   촉발요인: ______________________________

2. 내담자의 기본적 움직임과 목적을 탐색한 후, 짧고 간명하게 부적응 패턴을 기록한다.

   패턴: ______________________________

3. 생리심리사회적 요인의 측면에서 부적응 패턴과 호소문제의 근원을 효과적으로 설명하는 유발요인을 탐색한다. 그다음 부적응 패턴과 호소문제를 유지하는 요인인 유지요인을 탐색한다.

   생리적 요인: ______________________________

   심리적 요인–성격 패턴: ______________________________

   –자기관: ______________________________

   –타인관: ______________________________

   –부족한 기술: ______________________________

   사회적 요인–현재: ______________________________

   –과거: ______________________________

유지요인: ________________

4. 문화적 정체성, 문화적응 수준, 문화적 스트레스, 설명 모형, 문화적 요인/성격요인의 우세 여부(문화 대 성격), 문화적으로 민감한 상담의 필요 여부를 포함하는 문화적 공식화를 구체화한다.

문화적 정체성: ________________

문화적응 스트레스: ________________

문화적 스트레스: ________________

설명 모형: ________________

문화 대 성격: ________________

문화적으로 민감한 상담: ________________

5. 강점과 보호요인을 탐색한다.

____

____

6. 상담목표를 설정한다[1차 목표(증상) 및 2차 목표(적응적 패턴)].

상담목표

1차 목표: ________________

2차 목표: ________________

7. 1차 및 2차 목표를 달성할 수 있는 관련 생리적 · 심리적 · 사회적 · 문화적 요인을 다루는 상담개입을 구체화한다.

상담개입: ______________________________________

____

____

____

문화적으로 민감한 상담개입: ______________________________________

____

____

8. 내담자의 성격유형과 패턴, 변화 준비도, 가능성 있는 참여 및 종결 문제, 상담 순응도, 전이 및 역전이 문제를 기반으로 상담의 장애요인과 도전과제, 변화 촉진요인을 탐색한다.

____

____

____

호소문제/증상	목표	상담개입

1은 1차 변화 목표; 2는 2차 변화 목표.

활동지 1번부터 8번까지의 답을 조합하여 전체 사례개념화 진술문을 작성한다.

사례개념화 활동지

내담자 이름(이니셜로):	날짜:
상담자 이름:	
호소문제:	촉발요인:
패턴:	
유지요인:	
유발요인:	
문화적 요인: 문화적응 스트레스/문화적 스트레스/설명모형	
문화 대 성격:	변화 단계:
보호요인과 강점:	
상담목표: 1차 목표: 2차 목표:	
상담 개입:	

찾아보기

인명

내용

저자 소개

Len Sperry, MD, Ph.D.

미국 플로리다 애틀랜틱 대학교(Florida Atlantic University)의 교수이자 위스콘신 의과대학(Medical College of Wisconsin)의 임상교수이다.

Jonathan Sperry, Ph.D.

미국 플로리다주 보카 라톤에 있는 린 대학교(Lynn University)의 부교수이며, 플로리다 애틀랜틱 대학교의 상담 및 심리 서비스 센터의 전임 상담가이다.

역자 소개

이명우(Lee, Myung Woo)

평택대학교 상담대학원 교수와 한국사례개념화연구회 회장으로서, 상담 관련 학회에서 활발히 활동하고 있다. 특히 사례개념화 중심의 상담 실무와 상담슈퍼비전, 상담연구를 병행하면서 체득한 사례개념화에 대한 전문적 지식과 지혜를 상담현장에서 어려운 사례로 힘들어하는 상담자들과 공유하는 데 많은 노력을 기울이고 있다.

〈대표 저역서〉

『알기 쉬운 단회 심리상담: 단회상담의 이해와 실제』(역, 학지사, 2023), 『상담실무자를 위한 사례개념화: 이해와 실제』(역, 학지사, 2022), 『사례개념화 기반 개인상담의 실제』(저, 학지사, 2020), 『효과적인 상담을 위한 사례개념화의 실제: 통합적 사례개념화 모형(ICCM-X)』(저, 학지사, 2017)

15분이면 충분한

사례개념화의 실제

-패턴 중심 접근법-

The 15 Minute Case Conceptualization:
Mastering the Pattern-Focused Approach

2025년 4월 25일 1판 1쇄 인쇄
2025년 4월 30일 1판 1쇄 발행

지은이 • Len Sperry · Jonathan Sperry
옮긴이 • 이명우
펴낸이 • 김진환
펴낸곳 • (주) 학지사
04031 서울특별시 마포구 양화로 15길 20 마인드월드빌딩
대표전화 • 02)330-5114 팩스 • 02)324-2345
등록번호 • 제313-2006-000265호

홈페이지 • http://www.hakjisa.co.kr
인스타그램 • https://www.instagram.com/hakjisabook

ISBN 978-89-997-3394-9 93180

정가 17,000원